中国速度

——高速铁路发展之路

雷风行　编著

五洲传播出版社

图书在版编目（CIP）数据

中国速度：高速铁路发展之路 / 雷风行编著 . --
北京：五洲传播出版社，2024.8
ISBN 978-7-5085-5147-0

Ⅰ. ①中… Ⅱ. ①雷… Ⅲ. ①高速铁路 – 铁路运输发展 – 研究 – 中国 Ⅳ. ① F532.3

中国国家版本馆 CIP 数据核字 (2024) 第 006605 号

中国速度——高速铁路发展之路

编　　著 / 雷风行
图片提供 / 人民铁道报社　中国铁道出版社　京沪高速铁路股份有限公司等
责任编辑 / 王　峰
出版发行 / 五洲传播出版社
地　　址 / 北京市海淀区北三环中路 31 号生产力大楼 B 座 6 层
邮　　编 / 100088
发行电话 / 010-82005927　010-82007837
网　　址 / http://www.cicc.org.cn　http://www.thatsbooks.com
印　　刷 / 北京市房山腾龙印刷厂
版　　次 / 2024 年 8 月第 1 版第 1 次印刷
开　　本 / 710 mm × 1000 mm　1/16
印　　张 / 13.25
字　　数 / 80 千字
定　　价 / 78.00 元

目 录

序：中国圆梦高铁

中国人对铁路情有独钟。一位大学教授曾深情地称铁路“是中国人的一种集体记忆”：“汽笛是家乡的召唤，枕木是母亲灯下密密的针脚，车票是游子珍贵的家书。从绿皮车到‘和谐号’动车组列车，承载的是时代发展的中国梦。没有哪一种交通工具能引起国人如此温馨且又复杂的情感。”

中国幅员辽阔，人口众多，铁路是国人喜爱的大众化交通工具。但长期以来，铁路发展滞后，运输能力严重不足，买票难、乘车难的现象十分突出。每年的春运、暑运与节假日，列车拥挤不堪，铁路承受着巨大的压力。

20 世纪 90 年代初，当发达国家高速铁路时速已达 250 公里时，中国铁路客车的时速还徘徊在 50 公里。“老牛拉慢车”“大象走钢丝”的局面再也不能继续下去了！从那时起，中国铁路开始寻梦高速，追梦提速。为在速度上“突出重围”，相继发起六次铁路大提速，修筑了秦沈客运专线，中国铁路人怀揣高铁梦，矢志不渝，一路坎坷，十年积累，磨砺前行，为后十年高铁的崛起与超越打下扎实的技术与人才基础。

长风破浪会有时。2004 年 1 月，中国政府制定的《中长期铁路网规划》出台，以大气魄绘就了超过 1.2 万公里的“四纵四横”

主骨架高速铁路网，拉开了中国高铁建设的恢宏大幕。中国铁路人无愧于“铁军”的光荣称号，他们承载着几代铁路员工的光荣与梦想，肩负着民族的期望与追求，踏上了艰苦卓绝的筑梦之旅。2005 年，11 条高铁与客运专线相继开工。在短短的几年里，中国铁路建设大军首战京津，会战武广，速取沪宁，决战京沪，北攻哈大，中贯京广，一路斩关夺隘，高歌猛进。与此同时，中国高铁的技术装备制造业捷报频传，从引进时速 200 公里高速列车技术，到设计研制时速 350 公里、380 公里动车组，中国铁路连续迈上三个台阶。

十年追梦，十年筑梦，中国铁路历 20 年之磨砺，已昂首阔步跨入高铁时代，奋起赶超实现了高铁梦。截至 2013 年底，中国已建成高速铁路 34 条，高铁运营里程突破 1 万公里，在建高铁规模 1 万公里。中国已成为世界上高铁运营里程最长、在建规模最大的国家。

国运昌，铁路兴。10 年筑就 1 万公里高铁，这是一座民族复兴的时代丰碑！

2012 年 11 月，中共十八大报告将高速铁路与载人航天、探月工程、载人深潜、超级计算机一起，作为“创新型国家建设成效显著”的重要标志，载入中国改革发展成就的史册。

中国速度引国人振奋，令世界惊诧。在各国人士纷至沓来考察中国高铁的脚步中，敏锐的外国媒体捕捉到中国“高铁外交”的强劲韵律，惊呼中国高铁刮起了“世界旋风”。

中国高铁是如何迅疾崛起与超越的？中国速度又是怎样炼成的？敬请读者跟本书一起走进中国高铁，了解中国铁路的昨天、今天与明天。

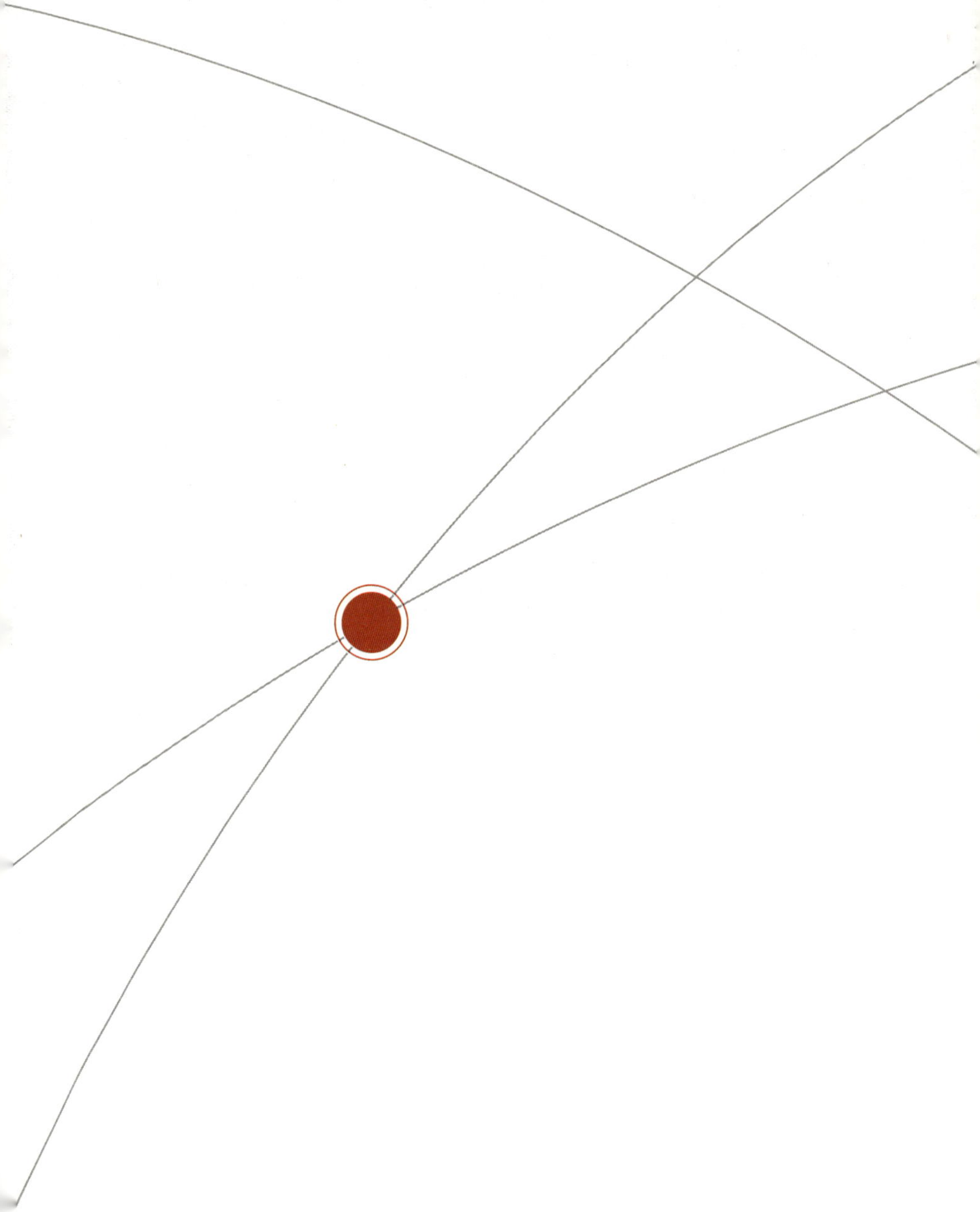

1

“国脉”呼唤高速

1964 年 10 月 1 日，世界第一条高速铁路日本东海道新干线建成通车，时速达 210 公里，从东京到大阪全程 515.4 公里，直达旅行时间由 6 个多小时缩短到 3 小时，比高速公路快捷，安全舒适。新干线被誉为“日本经济起飞的脊梁”。

1978 年 10 月 26 日，邓小平在日本参观访问，乘坐了日本新干线“光—81”超特快列车。他称赞高速列车说：“就像风一样快，新干线推着我们跑，我们现在很需要跑！”

中国经济“很需要跑”！作为先行的中国铁路更需要先跑起来！然而，此时的中国铁路正处于制约经济发展的“瓶颈”时期。由于铁路建设资金紧缺，新线建设和旧线改造迟缓，运输能力严重不足，技术亟待升级，客车旅行时速不到 40 公里。

“我们现在很需要跑！”邓小平的这句话，鞭策着中国铁路从后进中奋起！

“慢牛”何时能跑起来

世界交通运输的发展史表明：交通工具的竞争，从根本上说是速度的竞争。铁路于 19 世纪兴起，20 世纪中叶衰落，不久又以高速铁路而复兴，速度已成为事关铁路兴衰的重大问题。

▶ 1825 年，斯蒂芬森设计的蒸汽机车

蒸汽机的出现，把铁路推上了历史舞台。1825 年 9 月 27 日，世界上第一条铁路——英国达林顿至斯托克顿铁路正式通车营业。火车发明家斯蒂芬森亲自驾驶他的“旅行”号蒸汽机车，运行了 31.8 公里，列车平均时速为 13 公里，最高时速达到 24 公里。这趟列车的开行成了当时轰动世界的大事，引发了运输生产力划时代的重大变革。马克思敏锐地发现铁路对工业革命和经济社会发展的推动作用，称铁路为“实业之冠”。

放牛娃出身的英国工程师斯蒂芬森不断改进铁路牵引技术，1830 年英国建成世界上第二条铁路——利物浦至曼彻斯特铁路，列车运行最高时速达到 47 公里。斯蒂芬森在这条铁路开通时的一次庆祝会上说：“你们一定能够活着看到，在这个国家里，铁路必将胜过其它一切运输工具。”

斯蒂芬森的断言很快被验证，铁路诞生的故乡英国迎来了修建铁路的高潮，1890 年全国铁路网总长达 3.2 万公里。火车拉动着大英帝国走在了世界工业化的最前沿。

经济学家称，19 世纪是铁路时代。铁路以运量大、速度快而成为先进的交通工具，欧美国家率先修铁路，拉动了经济的发展。从 1830 年到 1839 年短短的 10 年中，英、美、法、比、德、加、俄、奥、荷、意 10 国竞相修筑铁路，这些率先发展铁路的国家占得先机，奠定了工业化基础，大多成了发达国家。

经过 110 年的发展，1940 年第二次世界大战前，世界铁路营业里程达到高峰——135.6 万公里。美国是修建铁路最多的国家，1887 年一年筑路就达 20619 公里，创世界铁路建设史上的最高纪录。1916 年，美国铁路营业里程达到 40 万公里。筑路高潮不仅加快了工业化进程，而且催生了股票融资与债券融资，培育了世界上最早的一批投资银行。

然而，铁路独领风骚不过百余年。19 世纪铁路因速度快、运量大而风靡世界，百年之后却因速度落后而衰落。20 世纪中叶，高速公路和航空运输迅猛发展，欧美国家铁路纷纷败北于高速公路、航空，其中重要原因之一是铁路列车运行速度落后，导致运量下降，效益跌入低谷。

难道铁路真如一些人所称是“夕阳工业”了吗？世界有远见的铁路专家并没认输，纷纷把目光转向铁路提速。发达国家铁路以牵引动力革新为发端，催生了高速铁路与重载铁路。世界铁路在停滞与徘徊几十年后，又重新走上了复兴之路。

▶ 日本新干线的 500 系高速列车

日本继 1964 年第一条高铁开通运营后，大力发展新干线，不断进行技术升级，山阳新干线和东海道新干线的运行时速最高达到 300 公里和 270 公里，东北新干线运行时速最高达到 320 公里。至 2010 年，新干线已经覆盖日本本土，总里程达到 2176 公里。

法国大力发展 TGV 高速列车。1981 年 9 月 27 日，欧洲第一条高铁——法国巴黎至里昂的 TGV 东南线通车，全程 417 公里，直达时间 2 小时，列车运行最高时速 270 公里。此后法国相继建设开通了 TGV 大西洋线、北方线、地中海线、东部线等高速铁路。至 2010 年，法国高铁总里程为 1884 公里，TGV 高速列车可通行线路达 6000 公里以上，地中海线、东部线列车最高运营时速达 320 公里。

德国 1988 年电力牵引列车试验时速就达到 406.9 公里，但其高速铁路直到 1991 年 6 月 2 日才开通运营，ICE 列车运行最高时速 280 公里。至 2010 年，ICE 高速列车可通达德国境内多数大城市，

德国 ICE3 型高速列车

总里程 1443 公里，ICE 列车可通行的范围达 6300 公里以上，列车时速最高可达 300 公里。

2007 年，世界上日、法、德、意、西等 12 个国家和地区已建成运营时速 250 公里及以上的高速铁路达 8700 余公里，在高速公路、民航同步发展中仍具有明显的竞争力。

在高速铁路崛起与发展的同时，铁路既有线提速改造也闯出了成功之路。从 20 世纪 60 年代起，西欧一些国家率先采用先进的科技手段，对运输繁忙的既有干线进行电气化改造，将列车时速提高到 140 公里至 160 公里。瑞典、德国、意大利等国家采用摆式列车技术，列车时速达到 200 公里。至 1994 年，世界上已有 25 个国家旅客列车的最高时速达到或超过了 140 公里。

1990 年，法国 TGV 创出了试验时速 515.3 公里的世界纪录。日、法、德等国高铁发展群雄竞起，方兴未艾，从时速 210 公里到 270

法国的 TGV 高速列车

公里直逼 300 公里，而此时中国铁路却仍是“老牛拉慢车”。

新中国成立之初，铁路客车的平均时速只有 20.9 公里。40 年来中国铁路长期在低速中徘徊，铁路客车平均旅行时速只是从 20.9 公里提高到 48.3 公里，货车平均时速从 20.9 公里提高到 30 公里。1990 年，中国铁路客车平均旅行速度为 48.3 公里，最高时速只有 80 公里至 100 公里。

20 世纪 80 年代，中国改革开放高潮迭起，铁路运能不足制约经济的矛盾日趋严重。作为国民经济大动脉的铁路本应重点发展，但在 80 年代开展的一场关于交通运输发展的大讨论中，有人却认为“世界上发达国家都在拆铁路，修高速公路”，沿江河湖海修铁路是浪费“黄金水道”，声称“铁路运输的骨干地位正在和已经发生动摇”。历史早已证明了中国铁路“夕阳论”是不符合国情的，但它却一度颇为流行，影响了高层决策，中国铁路错失了 80 年代与改革开放同步发展的十年良机。新中国成立之初国家财力物力极为困难，但 1953 年至 1960 年年均仍建成铁路 1377 公里；改革开放后的 80 年代，年均只交付运营 344 公里铁路。

20 世纪 90 年代初，就在要不要发展铁路举棋不定、铁路运行速度仍徘徊不前时，迅猛发展的公路、航空却大步赶了上来，国内运输市场的竞争日趋激烈。

中国高速公路从 1989 年建设起步到 1999 年突破 1 万公里，用了 10 年时间；从 1 万公里再到 2002 年突破 2 万公里，只用了短短 3 年时间。短短 13 年就走完发达国家四五十年的发展历程。

公路发挥方便、快捷和门到门运输等特点，在短途运输市场上占据了优势；航空运输在长途运输中发挥了重要作用。铁路市场份额明显下降，经营面临严峻挑战。1990 年，铁路、公路、民航在交通运输中所占的客运周转量市场份额分别为 46.4%、46.6%、4.1%，到 1995 年三者市场份额已变为 39.4%、51.1%、7.6%。几年间，公路、航空迅速占据了运输业的半壁江山，开始与铁路“老大哥”分庭抗礼了。有识之士惊呼：铁路“慢牛”再不加鞭，连剩下的市场份额也保不住了！

中国政府对铁路发展极为重视，采取建立铁路建设基金等倾斜政策，为困境中的铁路注入了生机活力。从国情路情出发，铁道部及时做出实现中国铁路现代化的战略决策，一手实施既有线改造与提速，一手发展高速铁路。

1991 年 12 月 28 日，经国家计委批准，中国第一条准高速铁路在广深线（广州—深圳）开工建设，这是中国发展高速铁路的实验线。1994 年 12 月 22 日，全长 147 公里的广深铁路开通运营，开行了最高时速 160 公里的“春光号”准高速列车，全程运行时间由原来的 2 小时 48 分缩短为 1 小时 12 分。

受当时的资金、技术等条件所限，中国还不可能马上兴建高速铁路。1994 年 6 月，铁道部提出“大力提高列车重量，积极增加行车密度，努力提高行车速度”的技术政策。一场以“提高列车速度”为目标的既有线改造与提速之战，将在中国铁路全面展开。

铁路六次大提速

速度是交通运输的灵魂。20 世纪 80 年代以来，世界各国纷纷在既有铁路线上大范围提速，实现铁路的快速运输。速度是衡量一个国家铁路现代化程度的重要标志。速度落后是一代铁路的落后，速度提升是一代铁路的进步。实施提速战略已历史地摆在了中国铁路的面前！

1995 年，是中国铁路实施提速战略的重要决策年。这年 6 月 28 日，铁道部召开部长办公会议，成立了提速领导小组，迅速组织全路大力实施提速战略。

中国铁路提速的主攻方向是在既有繁忙干线上，战略重点是京沪、京广、京哈。这三大干线总里程 5046 公里，占中国铁路营业里程 9.5%，但完成的客货周转量却占中国铁路的 39.4% 和 34.4%，其地位可谓举足轻重！

与世界发达国家铁路比，中国铁路提速要复杂困难得多。日本铁路客运很繁忙，但货运比重很小；北美、南非等国铁路货运重载技术发达，但客运量不大；西欧各国有客货混跑铁路，但以高速客运和快捷货运为主。中国铁路是客、货一条线运行，不同等级列车混跑，运输强度高居世界之首。在这样的运输中，速度、密度、重量三者相互影响、相互制约。它们对运输组织、轨道结构、信号系统和牵引动力等技术要求相互矛盾，甚至截然相反。在中国特殊复杂的运输条件下实施大面积提速，必须从技术改造与提速试验入手，在立足自主创新的基础上，开拓出一条既有线实现列车速度、密度、重量最佳匹配的提速挖潜改造之路。

1995年9月至10月，铁道部在沪宁线（上海—南京）首次进行客、货列车提速试验，中国铁道科学研究院100多名科技人员参与了列车、地面的测试工作，采集了10亿个以上数据，圆满完成了首次提速试验任务。

华东首传捷报。1996年4月1日，沪宁线上首次开出了时速达140公里的上海至南京快速客车“先行号”，全程运行2小时48分，比原运行时间缩短了1小时11分，深受旅客青睐。

华北再传佳音。3个月后，北京站开出的时速达140公里的“北戴河号”列车飞驰在京秦线上，从北京至秦皇岛全程只用2.5小时，比原运行时间缩短了1小时8分。

东北后来者居上。1996年10月8日，北京至大连间开行了中国首列长距离快速旅客列车，最高时速达到140公里。

中原创出新时速。1996年11月，郑州铁路局组织在

中国内燃机车牵引的列车

郑州至漯河间进行了既有电气化铁路上的提速，最高试验时速达到185公里。

四大战场的提速实践，为繁忙干线的全面提速提供了科学依据，坚定了中国铁路大提速的信心。

“大动作”终于出台了！1997年4月1日，中国铁路实施第一次大面积提速，京沪、京广、京哈三大干线全面提速。

这一天，以沈阳、北京、上海、广州、武汉等大城市为中心，开行了最高时速达140公里、平均旅行时速达90公里的80列快速列车和64列夕发朝至列车，以及一大批运行客运化的货运五定班列。

“火车提速不提价，安全快捷行天下！”“坐火车夕发朝至，胜过住宾馆饭店！”铁路第一次提速后，由于旅行时间缩短，客流开始回升，客票收入大大增加。铁路锋芒初露，尝到甜头，又发起新一轮的冲击。

1998年10月1日，中国铁路实施第二次大面积提速。

京广、京沪、京哈三大干线的提速区段最高时速达到了140公里至160公里，广深线（广州—深圳）最高时速达

中国电力机车牵引的列车

1998 年，时速 200 公里的“新时速”列车行驶在广深铁路上

到 200 公里。这次提速面向市场，扩大了快速旅客列车、夕发朝至旅客列车的数量和范围，进一步提高了精品列车的开行质量。全国铁路共开行快速列车 160 列，比 1997 年增加 80 列；开行夕发朝至列车 116 列，比 1997 年增加 52 列。

2000 年 10 月 21 日，中国铁路实施第三次大面积提速，其亮点在中西部地区提速。

第三次提速，主要集中在陇海（江苏连云港—甘肃兰州）、兰新（甘肃兰州—新疆乌鲁木齐）、京九（北京—香港九龙）、浙赣（浙江杭州—湖南株洲）线。这几条干线提速后，大大缩短东西部时空上的距离，更方便中国东西部地区的人员往来和物资交流，对加快西部大开发具有重要的作用。

第三次大提速强化亚欧第二大陆桥（东起中国连云港，西至荷兰鹿特丹）的中国境内东西通道建设，从东部连云港、日照到新疆阿拉山口站，形成一条安全快速的铁路大通道，横贯中国东西，连接俄罗斯以及欧洲的众多国家，被誉为现代“丝绸之路”。

▶ 提速列车行驶在武广铁路黄鹤楼旁

2001 年 10 月 21 日，中国铁路实施第四次大面积提速。这是铁路在“十五”期间（2001—2005）实施的新一轮提速。

这次重点对京九线和京广线南段，哈大、沪杭和浙赣线，武昌至成都（汉丹、襄渝、达成线）进行提速，提速里程 4257 公里，涉及全国 19 个省市。第四次提速着力强化东部地区与中西部地区的快运通道，提速范围进一步扩大，提速网络进一步完善。在提速的同时，根据市场需求对全路列车运行图进行调整，在列车运行速度、运输产品结构、客运服务质量等方面又有许多新的变化。

四次大提速使中国铁路开始融入了世界铁路提速的时代潮流，提速延展里程达到 13000 公里，惠及四方广大旅客，受到社会各界的肯定。

但经过四次大提速，中国铁路平均旅客列车技术时速只有 70.7 公里，旅行时速仅 61.4 公里；货物列车技术时速和旅行时速更低，分别只有 41.7 公里和 32.4 公里。中国铁路不容自满与懈怠，又在瞄准新的提速目标，砥砺前行。

中国第一条重载铁路——大秦铁路（山西大同—河北秦皇岛）经过扩能改造，年运量从 2002 年的 1 亿吨，到 2010 年超过 4 亿吨，2013 年达 4.5 亿吨。图为大功率机车牵引 2 万吨运煤列车

2004 年 4 月 18 日，中国铁路实施第五次大提速，其亮点是中国铁路已全面掌握了既有线 160 公里时速等级客货共线技术。

在前四次大面积提速的基础上，经过对京哈、京广、京沪、沪昆等干线进行技术改造，提速总里程达到 16500 公里，其中时速 160 公里及以上的线路达 7700 公里，部分旅客列车以 160 公里时速长距离运行；全路旅客列车平均旅行时速达到 65.7 公里；新增开 38 列"Z"字头途中不停站的直达特快列车，风驰电掣般穿行在各大城市间，列车运行间隔缩短到 7 分钟。

2007 年 4 月 18 日，中国铁路实施了第六次大面积提速。它标志着中国既有线提速技术已跻身世界先进行列。

中国铁路六次大提速

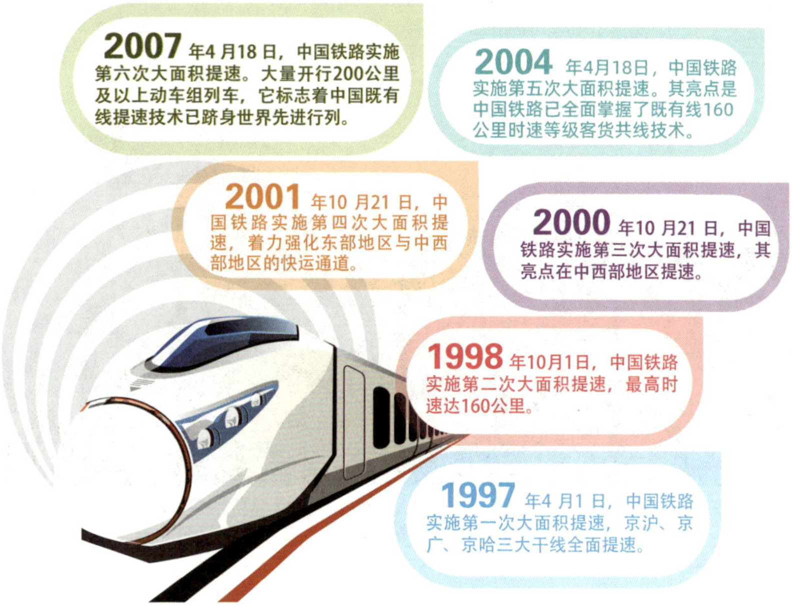

历经三年多精心准备，第六次大提速时，中国铁路时速 120 公里以上的线路延展里程达到 2.4 万公里，其中时速 160 公里以上的线路延展里程达到 1.6 万公里，时速 200 公里及以上线路延展里程达到 6451 公里，时速 250 公里的线路延展里程达到 1207 公里；在主要城市之间大量开行时速 200 公里及以上动车组列车，在繁忙干线上大量开行大功率机车牵引的 5000—6000 吨货物列车和双层集装箱列车。

第六次大提速，铁路客、货运输能力分别增长 18.5% 和 12%；全路旅客列车速度普遍有较大提高，主要城市间旅行时间总体压缩了 20% 以上；构建了四大客运产品，即开行高密度城际动车组列车、开行中心城市间动车组快速列车、增开夕发朝至和一站直达特快旅

经过曲线的动车组

客列车，优化普通旅客列车运行时刻，全面提高装备质量和服务水平。

从1997年到2007年，中国铁路历时十年，实施了六次大提速，成功地走出了一条在既有线开展提速改造、实施内涵扩大再生产的创新之路！大提速引发了一场涉及铁路行业深刻的管理创新、技术创新与安全控制创新。它紧紧抓住提高速度、加大密度、增加重量这三个主要环节来提升技术装备水平、扩充运输能力，全面优化运营质量；它充分挖潜扩能提效，以较少的投资、较短的时间解决运输能力的快速释放和扩充。

铁路六次大提速，开启了中国高铁发展的恢宏大幕。国际铁路联盟曾定义高速铁路为：通过改造原有线路使其设计时速达到200公里，或新建线路设计时速达到250公里以上的铁路。第六次大提速中国时速200公里及以上的既有线改造延展里程达6451公里。但这毕竟只是既有线提速，中国还必须拥有新建的高速铁路。

秦沈客专奏序曲

建成的秦沈（秦皇岛—沈阳）客运专线线路

20 世纪 90 年代，中国铁路按既定的提速战略，在展开既有线改造提速的同时，积极推进高速铁路建设。

建设高速铁路，科技要先行。1990 年是中国高铁科研攻关的启动年。这年，在国家科技政策的推动下，铁道部在《铁路“八五”科技发展设想——先行计划》中提出，要重点组织“高速铁路成套技术”重大科技攻关项目论证，并于 1991 年经国家批准列入国家“八五”（1991—1995）重点科技攻关计划；这年，铁道部正式立项，下达了“中国高速铁路发展模式和规划的研究”科研课题，由中国铁道科学研究院具体负责实施。

为了解与掌握国外高速铁路技术的发展状况，中国铁路“走出去，请进来”，先后组织 50 多次国外专家来华进行技术交流；派出各专业科技人员组成多个团队赴日、德、法、西、韩等国和中国台湾等地区进行技术考察或研修，培养了数以千计的青年科技和管理人才。

从1991年至2003年，中国铁道科学院与路内外上百个单位联手攻关，先后承担了铁道部下达的与高速铁路相关的科研项目共353项，项目广泛涉及高铁的发展模式、基础理论、专业技术、设计与施工、运输组织、材料应用和检测技术等领域，为中国高铁建设奠定了理论与技术基础。

秦沈铁路客运专线是中国建设的第一条客运专线。为了扩大秦皇岛至沈阳的铁路输送能力，铁道部从1986年开始进行可行性研究，直至1999年2月经国家计委报国务院同意正式立项，历经了13年时间。

在这13年里，随着中国改革开放的不断深入，国民经济的快速发展，旅客对铁路提出了更高的多样化需求。以什么样的建设标准和运输模式来增建秦皇岛至沈阳间的铁路新线？经过长期多方案比选、广泛论证，经过更新理念、深化认识，设计方案大的改变就有三次：由客货混运新建单线演变为时速160公里的客运专线，进而为时速200公里的客运专线。设计方案最后确定为双线电气化，设计时速达200—250公里。

设计单位依此加快设计进程。1998年6月，铁三院完成了秦沈铁路客运专线可行性研究报告，8月铁道部组织了审查鉴定，10月铁道部对初步设计进行了鉴定审查，11月铁三院完成了初步设计鉴定后的修改设计。

1999年2月和4月，国家计委报请国务院同意，相继批准了秦沈客运专线项目建议书和可行性研究报告；同年7月国务院批准开工，并被列为国家重点建设项目。

从秦沈客运专线设计方案的三次变更，从可行性研究到国家迅速批准开工，反映了时代的发展潮流。1999 年 8 月 16 日，秦沈客运专线开工建设。

秦沈客运专线起自秦皇岛站，东出山海关，终至沈阳北站，全长 404.65 公里。它与沈山线（沈阳—山海关）共同构成进出关客货运输大通道，与提速改造后的京秦线（北京—秦皇岛）构成京秦沈快速客运通道，最大限度地缩短了北京到沈阳的运行时间。

秦沈客运专线作为中国铁路建设技术水平的标志性工程，作为中国高速铁路建设的技术储备，它选择了技术成熟、安全可靠、经济实用、能与既有铁路兼容成网、国际通用的轮轨技术，工程特点鲜明地体现“三高三新”：运行速度高，规程规范新；技术含量高，设计标准新；质量要求高，施工工艺新。

为此，铁道部汇集了路内科研、设计、施工、监理和建设管理的多年成果，借鉴了国外先进技术和经验，更新理念，在路基、桥梁、轨道、四电工程和机车车辆研制等多方面，进行了全方位技术创新。

为探索和积累高速铁路的修建技术，铁道部在山海关至绥中北区间设置了 66.8 公里的综合试验段，采用时速 300 公里高速铁路标准，进行了能运行时速 200—300 公里列车的三次综合试验。

2001 年 12 月，“神舟号”内燃动车组驶上线路，进行了第一次综合试验，最高时速为 210 公里。

2002 年 9 月进行第二次综合试验，“先锋号”电力动车组最高时速达 292 公里。

2002 年中国研制的"中华之星"动车组

2002 年 11 月进行第三次综合试验，"中华之星"电力动车组最高时速达 321.5 公里，随后又以 200—250 公里的时速进行了山海关至沈阳北的全程贯通试验，比原沈山线通过的特快旅客列车运行时间缩短近一半。

秦沈客运专线于 2002 年 12 月 31 日交付沈阳、北京铁路局试运行。建成后秦皇岛至沈阳间的旅行时间由原来的 4.5 小时缩短至 2.5 小时。

秦沈客专是中国自主研究、设计、施工的第一条铁路客运专线，在中国铁路发展史上具有里程碑意义，标志着中国初步拥有了自主知识产权的时速 200 公里以上铁路设计、建造以及成套装备制造和综合系统集成的能力，为中国高铁发展提供了丰厚的技术储备和坚实的基础。

坚冰已经打破，高铁的春天即将来临。中国呼唤有更多的高速铁路！

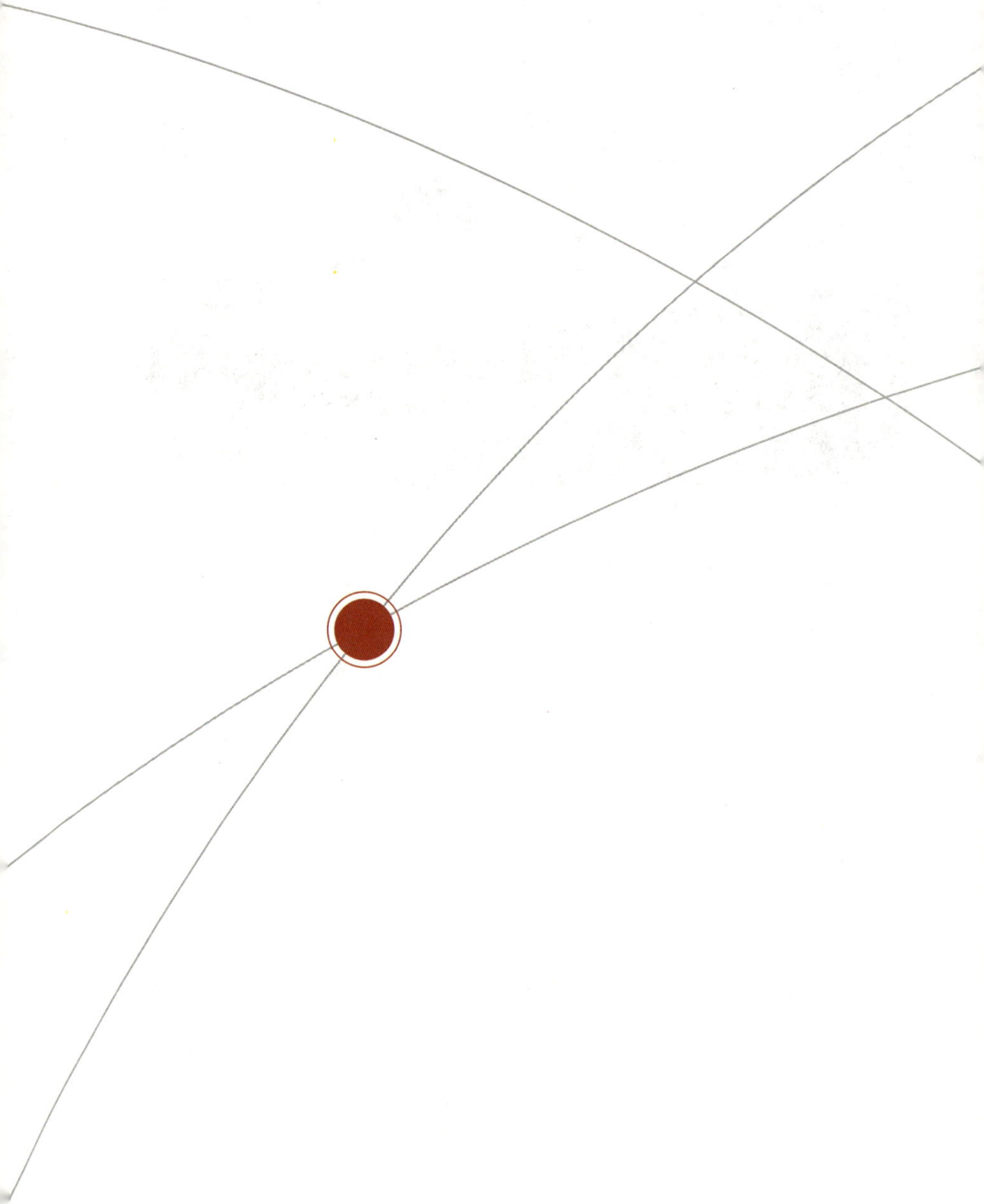

2

追赶世界的脚步

一次次调图提速，一年年磨砺准备，中国铁路“十年磨一剑”，终于迎来了高铁建设的春天。

从2004年起，以国家《中长期铁路网规划》颁布实施为契机，神州大地展开了一场史无前例的高铁建设。中国铁路日夜兼程，急起直追，从亮剑京津到会战京沪，从北攻哈大到开通京广，中国已迅疾步入高铁时代。

中国高铁建设始于秦沈客专，崛起于京津，突破于武广，成就于京沪、京广、哈大，短短十年间高铁的崛起与超越，彰显了铁路人勇于创新、赶超一流、忠诚祖国、拼搏奉献的信念与追求。

绘制宏图：《中长期铁路网规划》

20世纪90年代，是国家加大投资、铁路开始驶上快车道的重要十年，也是中国铁路实施提速战略、为高速起飞做准备的重要十年。

1992年春，邓小平视察南方发表重要谈话，同年中共十四大确立了建立社会主义市场经济体制的目标，中国的改革开放出现了新的高潮，长期滞后的铁路运输更趋紧张。1992年7月16日，国务院领导在全国铁路领导干部会议上尖锐地提出：“国民经济上台阶，铁路怎么办？”

铁路运输长期滞后的症结在于建设资金紧缺，新线建设迟缓，运输能力严重不足。据统计，从 1950 年到 1985 年大包干前的 36 年间，铁路共向国家上缴利税 1168 亿元，比国家同期对铁路投资还多 365 亿元，对发展国民经济做出了重要贡献。“七五”期间（1986—1990）铁路大包干实践证明，仅靠铁路自身“投入产出，以路建路”，是难以提供巨额铁路建设资金的。

为了加快铁路建设，从 1991 年起，国家及时批准设立与征收铁路建设基金。1993 年，铁道部做出部署：“强攻京九（铁路）、兰新（铁路），速战宝中（铁路）、侯月（铁路），再取华东、西南，配套完善大秦（铁路）。”“八五”期间（1991—1995），全国铁路总计完成基建投资 1245 亿元，建成铁路新线 5374 公里，复线 3994 公里。

1998 年，面对亚洲金融危机，国家再次提出加快铁路建设以拉动国民经济发展，决定于 1998 年至 2002 年投资 2500 亿元修建铁路。1998 年 3 月 28 日，铁道部做出部署：“决战西南，强攻煤运，建设高速，扩展路网，突破七万（公里）。”全路迅速掀起铁路建设新高潮。五年会战，相继建成了内昆（四川内江—云南昆明）、水柏（贵州六盘水—贵州盘县柏果）、神延（陕西神木—延安）、西康（西安—安康）、南疆（吐鲁番—喀什）、梅坎（广东梅州—福建永定县坎市）等铁路，建成了中国第一条客专秦沈客运专线。

截至 2002 年底，全国铁路总营业里程达 71898 公里，居世界第三、亚洲第一位。同 10 年前的 1992 年相比，增加了 1.3 万公里，取得长足发展，但离世界标准水平仍然差得远。

中国路网密度小，总量明显不足。按国土面积计算路网密度，中国每万平方公里只有73公里，而德国为1009.2公里、日本为533.62公里、印度为191.73公里，中国在世界上排名60位之后。按人口计算，中国铁路路网密度为每万人0.56公里，而加拿大为16.18公里、俄罗斯为5.9公里、美国5.55公里、法国5公里。也就是说，中国仅为加拿大的3.5%、美国的10%，人均才5.6厘米，不及一根去掉过滤嘴的香烟长，在世界上排名百位之后。

世界银行提出的基础设施标准中，铁路网密度应在1.20公里/百平方公里以上，而中国铁路路网密度仅为0.73公里/百平方公里，仅为标准水平的61%。如要达到世界银行的标准，至少需要12万公里铁路。

中国铁路客货混跑，技术标准低，缺少平行通道。世界发达国家干线铁路多是三线四线六线，能力充足而富余。如日本的繁忙干线多是多线并行，美国繁忙干线四线六线并行，德国、俄罗斯主要干线也是如此。而中国除广深、京津间有三线外，连接京沪、京广，沟通中国经济发展最活跃的长江三角洲、珠江三角洲、京津唐环渤海经济圈的铁路仅为双线，能力已经饱和。

中国铁路列车速度慢，严重滞后于时代发展的要求。到2000年，世界高速铁路总长达6858公里，时速达到200—300公里。中国铁路经过4次大提速，到2001年平均旅客列车技术时速只有70.7公里，高速铁路仍是空白点。

中国铁路是世界上最繁忙、运输压力最大的铁路。2002年，中国国家铁路运输密度为每公里3363万吨公里，是美国的2.44倍、日本的2.58倍、印度的2.75倍、法国的7.92倍、英国的9.65倍。这年全世界铁路营业总里程约120万公里，完成的工作量为8.5万亿换算吨公里；中国铁路占全世界铁路6%，却完成了2万亿换算吨公里，约占24%。这一方面说明中国铁路运输效率非常高，运输密度为世界之最；另一方面也说明中国铁路网整体能力严重不足，对国民经济的保证能力十分脆弱。

尽管中国铁路负重爬坡，多拉快跑，运输效率高，但仍难以满足日益增长的运输需求，长期处于超负荷运转的状态。2002年，中国铁路每天货运装车的需求有14万—16万车，而铁路只能满足三分之一左右，有三分之二的货物不能及时承运；全国铁路开行的客车每天提供的座席有242万人，而每天平均实际运量达到了290多万人，客运高峰时每天达到420多万人。在春运、暑运、“五一”“十一”等客流集中的120多天里，铁路运输能力全面告急，买票难、乘车难问题突出，铁路只能顾此失彼，“压货保客”，货物运输受到严重影响。

▶ 2004年1月16日，广州站迎来当年春运的最高峰

▶ 成都站春运高峰

数字是枯燥的，内涵却是苦涩的。以上数据比较翔实地说明，中国铁路与世界发达国家铁路最根本的差距是：发达国家铁路与本国经济的发展是适应的，适度超前的，铁路能力是相对富余的；而中国铁路的发展则是滞后的，是制约型的，运能严重不足。与发达国家比，中国铁路在路网密度、技术装备、信息化建设、现代化管理等方面至少相差 20 年。

中国是一个最需要优先发展铁路的大陆型国家。中国幅员辽阔，内陆深广，东西跨度 5400 公里，南北相距 5200 公里，资源分布与工业布局不平衡。西部能源资源丰富，发展相对落后；东部工业发达，但能源资源不足。由此形成了由北向南、自西向东的大宗货物流向带和以能源、冶炼物资、粮食等大宗物资为主的运输格局，铁路大宗货物运输量占全社会大宗货物运输总量的比重达 60% 以上。

中国有 13 亿人口，在工业化、城镇化进程中，每年经济以平均 7% 的速度增长，民工潮、学生潮、探亲旅游潮等人口流动数量庞大，对铁路的需求巨大。铁路的运输成本远低于公路、民航，以 20 世纪末数据计算，铁路单位换算周转量的成本为 1 元，则公路为 12 元，民航为 101 元。广大中低收入者对高运价旅行的承受能力有限，中长途 500 公里以上旅客运输主要依赖铁路。

铁路作为国家的重要基础设施、国民经济的大动脉和大众化交通工具，具有运能大、运距远、运费低、全天候、安全好、能源省、污染小、占地少等特点与优势。中国能源资源紧缺，生态环境恶化日益突出，加快发展铁路这一节能环保型的绿色交通工具，对中国经济社会的可持续发展无疑具有重要的战略意义。

世界发达国家走过的道路已经说明，没有铁路的现代化，国家现代化是很难实现的。铁路基础设施的发展和现代化程度，已经成为衡量一个国家现代化水平的重要标志。

从中国的国情、路情出发，认真分析研究中国铁路的历史与现状，借鉴世界铁路在信息技术带动下正由传统产业向现代产业转变的经验，中国铁路上下形成共识：要走出“瓶颈”，必须加快发展，实现运输能力快速扩充，技术装备水平快速提高；重点要加快建设发达的铁路网，形成覆盖全国的快速客运网络和大能力货运网络。

铁路网是铁路运输的基础设施，制定一个好的铁路网发展规划，可以使铁路建设更具科学性、前瞻性、系统性和经济性。国外许多国家铁路都根据经济社会发展需要，制定详细的路网发展规划：如德国的“Netz21”路网发展规划、法国的“高速铁路总体计划”、瑞士的“Bahn2000”计划、意大利的“T 型高速铁路网规划”、日本的“整备新干线计划”以及印度的“统一轨距工程”等，都是依据严谨周密的规划，改造既有路网，建设快速新线，优化和完善路网结构。

鉴于此，铁道部组织有关部门开展了未来 20 年和近 5 年路网建设规划和既有线点线能力配套方案专题研究，编制完成了 2020 年铁路网发展规划。在充分听取各方面意见并修改完善后，铁道部于 2003 年 5 月 29 日向国家发展和改革委员会上报了《中长期铁路网规划方案建议（2003—2020 年）》。2003 年 6、7 月份，国家发改委先后组织召开了四次有经济学家，铁路、公路、民航、煤炭、电力、石油等规划专家以及有关部门、各省区市代表参加的论证会，对铁路网规划方案进行了充分论证。

八面来风，百川归海。集思广益，众手绘图。

2004 年 1 月 7 日，国务院常务会议讨论并原则通过了《中长期铁路网规划》。这是国家批复铁路行业的第一个中长期规划，也是新世纪国家批准的第一个行业专项规划，充分体现了中国政府对铁路发展的高度重视。

2004 年 4 月，国务院又召开专题会议，研究铁路机车车辆装备问题，形成了《研究铁路机车车辆有关问题的会议纪要》，明确提出“引进先进技术、联合设计生产、打造中国品牌”的基本方针，确定了引进少量原装、国内散件组装和国内生产的项目运作模式。

4 个月中，国务院召开两次关于铁路的重要会议，通过了《中长期铁路网规划》与《研究铁路机车车辆有关问题的会议纪要》，为高铁路网建设与打造中国动车组品牌绘制了宏伟的发展蓝图。

至此，加快高铁发展已由全路上下的共识上升为国家意志，举世瞩目的中国高铁建设正式启动。

《中长期铁路网规划》根据国民经济和社会发展的需求，按照全面、协调、可持续发展的指导思想，统筹考虑了西部铁路建设、中东部铁路网建设和既有线改造；统筹考虑了客运专线建设、煤运通道建设和点线配套。这是大力推进铁路建设的纲领性文献。根据这一规划及 2008 年 10 月国务院批准的调整规划，到 2020 年，中国铁路营业里程将达到 12 万公里以上，复线率和电气化率分别达到 50% 和 60% 以上。

最令人神往和激动的是《规划》中绘制的高铁发展宏图：到

“四纵四横”高速铁路规划图

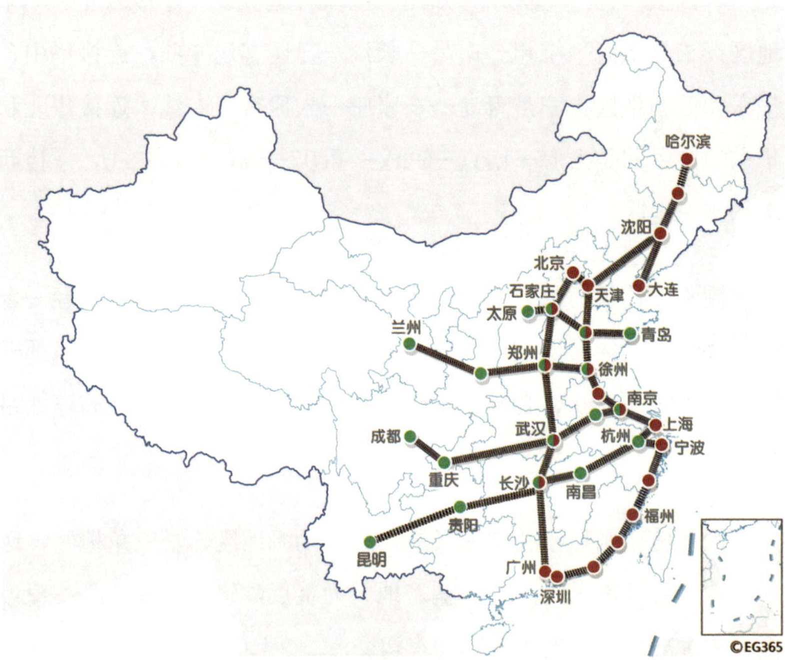

2020年，中国将新建高速铁路达1.6万公里以上，形成以“四纵四横”高铁为主骨架，由客运专线、城际铁路和快速客货线路构成的快速客运网总规模达到5万公里以上，基本覆盖50万以上人口城市。

以“四纵四横”为主骨架的高铁（客运专线）主要是：

“四纵”：一是北京—上海客运专线，包括蚌埠—合肥、南京—杭州客运专线，贯通京津至长三角东部沿海经济发达地区；二是北京—武汉—广州—深圳（香港）客运专线，连接华北、华中和华南地区；三是北京—沈阳—哈尔滨（大连）客运专线，包括锦州—营口客运专线，连接东北和关内地区；四是上海—杭州—宁波—福州—深圳客运专线，连接长三角、东南沿海、珠三角地区。

“四横”：一是徐州—郑州—兰州客运专线，连接西北和华东地区；二是上海—杭州—南昌—长沙—昆明客运专线，连接华中、华东和西南地区；三是青岛—石家庄—太原客运专线，连接华北和华东地区；四是上海—南京—武汉—重庆—成都客运专线，连接西南和华东地区。

同时，建设南昌—九江、柳州—南宁、沈阳—丹东、长春—吉林—珲春、大同—西安、西安—成都、绵阳—成都—乐山、成都—贵阳、贵阳—广州、合肥—福州等高速铁路延伸线，扩大高速铁路覆盖面。

为适应中国城镇化快速发展，以环渤海地区、长三角地区、珠三角地区等经济发达和人口稠密地区为重点，建设城际铁路，覆盖区域内主要城镇，便于城际间客运交流。

向高铁进军的号角已经吹响！中国铁路紧紧抓住铁路发展的黄金机遇期，以建设高速铁路、区际大能力通道、西部开发性新线为重点，展开了新一轮大规模铁路建设。

2004 年是中国高铁建设厉兵秣马的备战年。新的建设目标要有新的质量标准，铁道部修订了《铁路主要技术政策》，制定了《铁路工程建设标准管理办法》《新建时速 200—250 公里客运专线铁路设计暂行规定》等，完成了京沪高速铁路和时速 200—250 公里客运专线铁路桥跨结构标准设计，初步建立起客运专线和客货共线分级标准设计体系。

铁道部先后与 31 个省市自治区政府签订了铁路建设战略合作协议，充分发挥了地方政府建设铁路的积极性，为加快铁路建设创造了良好环境。

高铁建设需要巨额的资金投入。中国铁路推进投融资体制改革，2004 年 11 月组建了中国铁路建设投资公司。铁道部确定了“政府主导、多元化投资、市场化运作”的铁路投融资改革思路，在铁路建设中实行投资主体多元化，规范组建合资铁路公司，高铁新建项目均采用项目法人制。

经过十年大提速的长期技术积累，经过一年来紧张有序的备战，一批经国家批准的高铁项目即将开工建设。

2005 年是中国高铁建设的开局年。规模空前、气势磅礴的高铁建设高潮在神州大地澎湃而起。

2005 年 6 月 11 日，峰峦叠嶂的太行山深处彩旗飞舞，战鼓阵阵。《规划》中的石太铁路客运专线在这里率先开工建设。石太铁路设计时速 250 公里。

12 天后，2005 年 6 月 23 日，武广铁路客运专线开工。它全长 1079 公里，设计时速 350 公里，总投资 930 亿元，是中国铁路当时开工建设的线路里程最长、技术标准最高、投资最大的客运专线。

这一年，国家批准的其他 9 条客运专线京津、郑西、武合、合宁、甬台温、温福、福厦、广深港、广珠客运专线全面开工建设。设计时速为 200 公里以上和 300—350 公里。11 条客运专线的总建设规模达到 3243 公里。

但这只是开局，高潮还在后面。

亮剑京津：中国第一张高铁名片

▶ 2008 年 8 月 1 日，天津站首发城际列车

2008 年 8 月 1 日，中国北京奥运会开幕前一周，设计时速 350 公里的京津城际高速铁路投入运营。

这是中国百年铁路建设史上的一座里程碑，它标志着中国铁路已经跻身世界铁路发展先进行列，中国已成为继日本、德国、法国之后第四个系统掌握高速铁路技术的国家。

2005 年 7 月 4 日，京津城际破土动工。在当年开工的 11 条高铁中，它并未引人注目。但当中国铁路人仅用 1123 天时间，就将宏伟蓝图变成现实的时候，整个世界为之震撼！

一位德国专家感慨道：我们修建 36 公里的高速铁路用了 6 年时间，中国修建 120 公里的京津城际铁路只用 3 年时间，令人难以置信！

京津城际铁路是中国第一条具有世界一流水平的高速铁路，始于北京南站，终于天津站，全长 120 公里。设计时速达 350 公里，北京至天津运行30分钟，列车最小行车间隔3分钟。

走过“十年提速路”的中国铁路，曾把高铁上马的漫长准备阶段称为“十年磨一剑”。十年里，广大铁路科研人员对世界高速铁路技术进行跟踪研究，对高速铁路重大技术问题组织集中攻关；十年里，他们憋足一股劲，立志将高铁梦想变为现实。亮剑京津，这是中国铁路向高铁目标发起的第一次冲锋！

作为世界上第一条设计时速350公里的高速铁路，在一无样板、二无经验、三无模式可借鉴的情况下，中国铁路敢为天下先，创造了前所未有的“京津标准”，为中国高铁的发展打造了第一个样板，总结出第一套高铁建设经验以及全新的运营管理模式。

在鏖战京津的三年里，中国铁路通过引进、消化、吸收、再创新和建设实践，系统掌握了中国高速铁路路基、桥梁、无砟轨道、测量控制、环境保护、减振降噪等关键技术，建立了包括线路基础、通信信号、牵引供电、调度指挥、旅客服务等技术成果的“京津标准”，并以此为基础构建起中国高速铁路技术标准体系。

在建设线路基础时，通过引进、吸收与创新，首次应用了无砟轨道系统，轨道沉降误差以毫米计，标准比F1赛车跑道还要高。而京津沿线多为松软地质，为解决地质沉降问题，工程技术人员采用松软土路基设计、施工技术；采用“以桥代路”，全面掌握高速整孔箱梁设计、制造、运输、架设等成套技术，有效控制了工后沉降。

为确保高铁“高平顺”性能，京津高铁全线铺设无缝钢轨，运用先进的国产500米长钢轨工地焊接施工工艺，充分满足高速列车安全平稳运行的要求，提高了列车的舒适度。在高速行车中，车厢

▶ 轨道板存板区

内水杯的水几乎纹丝不动！“高平顺、高稳定”性能得到了国际同行一致赞叹。

暑往寒来，小雪大雪又一年。2007 年 12 月 16 日，京津高铁全线胜利铺通，2008 年 1 月底完成全部工程安装。从 2008 年 2 月至 7 月，中国铁道科学研究院作为测试技术总负责单位，与北京铁路局一道，开展了长达 5 个月的联调联试和 1 个月的运行试验。

这是一场对京津高铁各子系统功能、整体运行性能与安全性的全面试验评估和运行考验，是对中国高铁系统集成效果的全面检验。

京津高铁联调联试的内容涵盖工务工程、牵引供电、通信信号、动车组、运营调度和客运服务 6 大系统，包括 15 大类，测试参数多达 2000 余项。

铁科院副院长康熊在制订联调联试方案时，就确立了要赶超世界高铁先进水平的目标。他说："道理很简单，京津城际铁路是世界上第一条设计时速350公里的运营铁路，如何调试它？国外均无参照数据，要靠我们自己摸索，不超越就不能放开手脚干。"

在京津高铁联调联试的180多个日夜里，250多名铁科院参试人员统一穿着标有"高速铁路系统试验国家工程实验室"字样的服装，按照"科学、准确、及时、完整"的要求，坚守在测试岗位。负责地面检测的试验人员，经常凌晨4点多钟起床，准时赶赴试验现场；一些新招聘入院的大学毕业生，报到当天放下行李就来到京津现场，一干就是几个月。

6月24日，京津城际铁路在联调联试中，动车组试验速度达到时速394.3公里，创造了当时中国列车试验的最高速度。

6个月苦战，通过系统集成与联调联试，科研人员对京津高铁的轮轨关系、弓网关系、机电耦合、列车控制等方面进行检测、调试、优化，使整体系统的功能达到最优，实现了高速度、高密度、高安全性、高平稳性的设计目标。

2008年8月1日，京津城际高铁如期通车。这项北京奥运会配套工程，在兑现一个发展中大国对奥林匹克的承诺时，也以抓铁有痕的精神兑现了中国铁路的承诺。

1964年10月1日，日本东京奥运会即将召开之际，东京至大阪的东海道新干线正式通车。这世界上的第一条高速铁路，曾为东京奥运会和1970年大阪世博会增光添彩。

▶ 北京南站

1992 年 4 月，西班牙巴塞罗那奥运会前夕，马德里至塞维利亚的高速铁路开通运营。

北京奥运会开幕前 7 天，创出世界新时速的京津城际铁路开通运营。奥林匹克运动有一句著名的格言：“更快、更高、更强”。世界发达国家铁路与中国铁路相继创出更快更高速度，和奥运一样，秉承的是同样的精神。

京津高铁连接着北京和天津两座人口总量超过 3000 万的特大型城市。它以安全、高速、平稳、舒适赢得了国内外旅客广泛赞誉，展示了这条高速黄金通道的独特魅力。

通车 7 天，它就为“无与伦比”的北京奥运会奉献了礼仪之邦

的良好服务。

通车 56 天，它就在世界夏季达沃斯天津论坛中展现出文明古国的青春活力。

通车 365 天，它就创造出安全运送 1870 万旅客的全新纪录。

这条铁路“大运量、高密度、公交化”的运输组织模式，30 分钟的旅行时间，带来了京津同城化效应，引领着一种全新的生活方式。

京津城际成为连接双城生活的纽带和桥梁。如今，“坐高铁，逛京津”，异地就业，早出晚归，演绎着许多“新北京人”和“新天津人”的同城化时尚生活。

京津城际通车 1 个月，便发送旅客 183 万人，京津间客流同比增长 128.4%。2008 年天津市接待游客数量和游客旅游消费水平增幅创 10 年来最高水平。

通车 3 个月，天津老字号“狗不理”包子销量增幅超 20%。数据显示，京津城际对 2008 年天津旅游增长贡献率为 35%。

通车 1 年，有 2000 多家企业从北京移师天津。

天津市长曾说：“中国高铁‘第一路’，对天津经济社会发展起到了积极促进作用。”即使身处全球金融“寒冬”，京津两市 GDP 总量增长仍远远高于全国平均水平。专家直言，京津城际“功不可没”。

依托以京津城际为骨干的多功能、多层次、多方位、立体式的快速高效运输网，京津冀都市圈迅速成为继长三角、珠三角经济圈

京津城际杨村特大桥

之后的第三大都市圈，成为21世纪中国经济增长的又一亮点。

在日本、法国、德国，高速铁路通常都是展示国家实力的外交名片，各国领导人到访，三国都常让贵宾去体验高速列车。1978年10月，中日建交后第一位访问日本的中国国家领导人邓小平，就专门乘坐了新干线列车由东京前往京都。

据统计，京津城际开通一年，美国、英国、俄罗斯、日本……来自世界五大洲30多个国家的政要、国际组织领导200多批次，上万人次考察京津城际。

“没有预料到高速列车在超过300公里的时速下仍能如此平稳”，“这非常清楚地表明了线路施工和它整个高速系统一样是世界级的”。美国国家工程院院士塞泊“感到十分震撼”。

“天啊！比我在德国、法国坐过的高速列车还要快！”西班牙记者如此惊呼。

1909年10月2日，詹天佑总工程师主持修建的中国人自己设计与施工、自主经营的第一条干线铁路——京张铁路通车，振奋了中华民族的自信心。

百年之后，又是在北京，中国建成了世界第一条设计时速350公里的高铁。

京津城际是一条节能环保的高速铁路，是科学发展缔造的时尚产物。从设计、施工到运营，处处追求环保与节能：“以桥代路”一项就节约土地4590余亩；旅客人均耗电不到8度，是陆路运输方式中最节省能源的。

京津城际为经济效益和社会效益双赢搭建了一条高速黄金通道，旅客发送量逐年递增：2009 年发送旅客 1641 万人，2010 年发送旅客 2022 万人，2011 年发送旅客 2150 万人，2012 年 2150 万人，2013 年 2460 万人，运营 5 年中发送旅客超过 1.04 亿人。旅客发送量年均增幅超过 10%，客流高峰日旅客发送量达 13.2 万人。

京津城际不仅承载着千千万万的中外乘客，更重要的是它坚定了国人对铁路发展路径的信心，中国借此叩开高速铁路之门，为构建中国高速铁路体系奠定了良好的技术平台和基础。

2013 年 1 月 18 日，国家科学技术奖励大会在北京人民大会堂举行，“京津城际铁路工程”获国家科技进步一等奖。

继京津城际之后，武广、郑西、沪宁、沪杭、京沪……一条条高铁相继开通，一列列动车组正呼啸而来！

决战京沪：东方巨龙腾空舞

古老的东方有一条龙，它的名字叫中国。

今天的中国腾起一条龙，它的名字叫京沪高速铁路。

2011 年 6 月 30 日，举世瞩目的京沪高速铁路正式通车运营。京沪高铁全长 1318 公里，设计时速 350 公里，是世界上一次建成线路最长、标准最高的高速铁路。

京沪高铁项目总投资 2209.4 亿元，是新中国成立以来一次投资规模最大的建设项目，也是继三峡电站、南水北调、西气东输、青藏铁路之后中国基础设施建设领域一项历史性宏伟工程。

2011 年 6 月 30 日，从上海虹桥站开出的第一趟高铁列车

1876 年 7 月 3 日，中国第一条铁路——吴淞铁路在上海租界建成通车，火车这一现代交通工具首次在中国亮相。它全长 14.5 公里，由英国商人擅自修建，一年中运送旅客 16 万人次。愚昧腐朽的清王朝视铁路为“洪水猛兽”，1877 年 10 月以 28.5 万两白银赎买，并下令将这条铁路拆除，弃而不用。吴淞铁

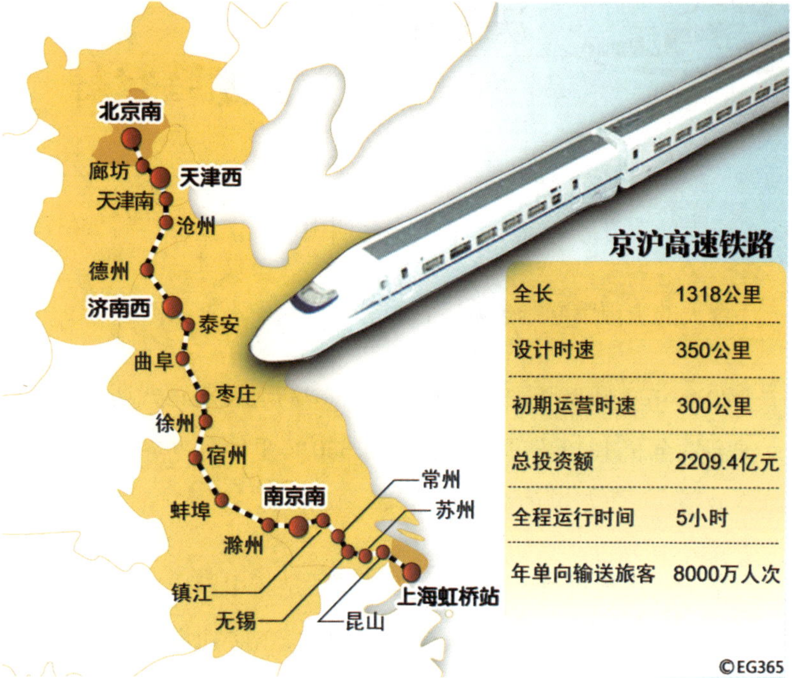

京沪高速铁路示意图

路虽被拆毁，但 1876 年仍被视为中国铁路的起始年。

135 年后，东方巨龙从京沪间腾空而起。它用事实向世界证明：中国人民以自己的勤劳和智慧，自强于世界民族之林！

京沪高铁的两端不仅连接着中国最大的北南两都市北京和上海，而且连接着中国两大经济区域——环渤海经济区和长三角经济区。有学者将京沪高铁比为哑铃：环渤海、长三角是两头，京沪高铁是杆。

这是一条期盼已久的高速铁路。京沪高铁贯穿北京、天津、河北、山东、安徽、江苏、上海七省市，四省三市国土面积占全国的

6.5%，人口占全国的 1/4，GDP 占到全国的 40%。

既有的京沪铁路是一条百年老线。长期以来，一直是中国铁路运输最繁忙、能力最紧张的干线。它以仅占全国铁路营运线 2%的里程，承担了全国铁路客运量和货物周转量的 10.2%和 7.2%，运输密度是全国铁路平均运输密度的 4 倍。

各项数据印证着一个事实：长期紧张、全线紧张、全面紧张的京沪铁路，作为一条客货混运的铁路大干线，仅通过旧线扩能改造已难以为继。

建设京沪高铁，是中国铁路的不懈追求。1990 年 12 月，铁道部完成了《京沪高速铁路线路方案构想报告》。1993 年 12 月，铁道部向国家计委报送了《关于报送京沪高速铁路项目建议书的报告》。

京沪高铁工程总造价超过千亿元，如此巨大的投资，必然要经过审慎的论证和科学的决策。围绕“要不要修”“用什么技术修”，专家、学者争议了 10 年。

中国铁路没有坐等。无论争论多激烈，铁路人依旧坚守着自己的梦想，科研人员依旧执着地埋头高铁科研攻关，设计人员依旧默默地优化设计方案。铁道第四勘察设计院先后有 2000 多人参加京沪高铁的勘察设计，他们利用这长达 10 年的争议与筹备期，不断优化与完善设计方案，设计的草图起码有二三十万张。当 2008 年京沪高铁开工时，42 岁的高级工程师靖仕元头发已经花白，据他透露，仅南京至上海段的线路设计就数易其稿：“原来京沪高铁这段是沿着既有京沪线修建，两条线路间的距离只有几十米，拐弯多，限速又耗能，经过反复勘察论证，现在两线距离达到了8到14公里。”

京沪高铁采取轮轨还是磁悬浮技术之争持续了8年，1998年起成为社会关注的热点。2006年2月，国务院批准京沪高速铁路项目建议书，终于明确京沪高铁将采用高速轮轨技术建设。“轮轨”战胜“磁悬浮”，关键在它技术成熟，能与既有路网兼容，而且造价相对较低，轮轨技术每公里造价仅是磁悬浮的1/3。

2008年4月18日，京沪高速铁路开工典礼

长期的争论与论证，政府一直坚持实事求是和科学民主，彰显了决策的务实和理性。经过充分论证和科学比选，大家逐步统一认识，为后来的高铁发展创造了有利条件。

京沪高铁的前期准备工作是厚实的。从1990年项目孕育期，至2008年开工，历经18年磨砺。铁道部举全路之力，组织设计精英与各专业科研人员，围绕现场调研、前期论证、科研攻关、勘测设计、方案比选、装备制造、施工组织、国内外咨询等方面做了大量工作，集思广益、精益求精，制订了科学的设计、施工方案，完成了400多项科研试验，全面突破了高速铁路建设和运营管理的一系列关键重大技术，可谓厚积而薄发。

2008年4月18日，京沪高速铁路全线开工。

这一刻，全线吹响了战斗号角。这背后，是改革开放30年国家综合国力的提升，是攻破一道道技术难关的 400 多项科研试验，是京津城际、武广高铁、郑西高铁实践经验的积累，是京沪高铁设计方案的不断改进和完善。

京沪高速铁路全线通过招标，集合了路内外最精锐的设计、施工、监理队伍，涉及 7 家设计院、43 家局级施工单位、28 家监理单位，大小共 204 个施工工区或施工单元，施工队伍高峰期达 13 万余人。

开工伊始，瞄准世界一流高速铁路目标，铁道部要求将京沪高铁建设成为经得起运营检验、实践检验和历史检验的百年精品工程。

实践证明，京沪高铁的主要技术标准在目前世界高铁中是最高的，各项技术指标均达到一流水平。

京沪高速铁路是世界上一次建成线路最长的高速铁路，在它之前外国一次建成高铁线路最长的没有超过 620 公里；京沪高铁又是世界上技术标准最高的高速铁路，在它之前世界上运行时速最高的铁路是 320 公里。技术标准体现为速度、密度和安全性，京沪高铁要求确保运营期间旅客安全的前提下，运行时速可达 350 公里；密度达到最小追踪间隔时间 3 分钟，也就是 3 分钟有一趟车。

速度与安全是京沪高铁建设的核心。安全和速度并不矛盾，它是以一整套高科技体系、质量和管理做保障的。高稳定性、高平顺性、高可靠性、高安全性、高舒适性成为评价高铁的核心词汇。

京沪高铁技术难度和复杂性堪称“高铁技术博物馆”。因为没有先例，京沪高铁建设的许多难题在全世界都没有现成答案。

京沪高铁的速度和安全靠科技创新的支撑。根据《京沪高速铁路科技创新规划》，京沪高铁建设中累计投入科研经费近 3 亿元，组织设计施工、装备制造、铁路运输企业、高校、科研院所集中力量进行科技攻关，在大跨深水桥梁建造技术、大吨位桥梁制造和架设技术、路基沉降与结构变形控制技术、工程结构耐久性保证技术、铺设Ⅱ型板式无砟轨道技术等方面都取得突破。

铁路路基不同于只承受静荷载的工民建筑基础，也不同于承受动荷载比较小的公路。在高速列车高频动荷载作用下，高铁路基必须具有足够的动刚度。1983 年法国在 TGV 东南线亚眠至阿贝维也尔的软弱地基线路上，当列车时速达到 150—180 公里时，轨道出现 20 毫米的下沉并产生地裂。

软土路基处理 CFG 桩施工

京沪高铁无砟轨道结构要求路基工后沉降控制标准为 15 毫米，但线路穿越华北、长江中下游两大平原，软土、松软土分布广、赋存深，高铁路基要在深厚软土里扎根谈何容易。为最大限度地减少软土路基的沉降，2005 年京沪高铁公司组织开展 CFG 桩、刚管桩、载体桩等刚性桩复合地基试验研究，集中了十多所院校相关专业的专家，建立了廊坊、济南、凤阳等试验段，结合理论分析和试验室试验，发现了刚性桩复合地基作用机理，研发了 CFG 桩桩体新材料。随着刚性桩复合地基理论和成套技术的形成应用，全线路基施

▶ CRTS Ⅱ型轨道板混凝土灌注

工实现了工后沉降控制目标。

京沪高铁全线采用无砟轨道技术，不再是传统的枕木下面垫石砟，而是钢轨下面铺一块块 CRTS Ⅱ型轨道板，全线共铺 40 多万块，在国内首次使用。轨道板以混凝土为原材料，要求混凝土在 16 小时内需达到 48MPa 的脱模强度，起初采用超细水泥或特殊掺和料，成本高，质量难控制。科研人员通过大量试验研究，研制出以国内硅酸盐水泥、粉煤灰、矿粉、非缓凝型减水剂构成的轨道板材料体系，不仅轨道板成本减少，而且技术成熟，质量易控制。在轨道板铺设中，铁道部汇集全路科研力量，研究攻克了 CA 砂浆形成机理，提高了砂浆的稳定性。施工中每 1 千块板揭两块板抽查，砂浆表面和断面质量全部合格。

质量是工程的灵魂，更是安全保障的源头。工程一开始，铁道

高速列车跨越阳澄湖

部京沪高铁建设总指挥部就编制了13大类、267项标准化作业指导书、208项标准化施工工序作业要点卡片；建立起纵向到底、横向到边、覆盖全部的标准化管理体系，敢于动真碰硬，强力贯彻落实“源头把关、过程控制、精细管理”的质量方针和“试验先行、首件认可、样板引路”的质量控制措施。

面对工程规模大、设计标准高、施工要求严、控制难点多的特点，京沪高铁把土建工程当作工业产品做，以机械化、工厂化、专业化、信息化支撑，深入推进标准化管理。机械化加快了工程进展，工厂化规范了制件标准，专业化保证了工程质量，信息化助推了精细管理。

京沪高铁可以用“精心设计、精心组织、精心管理、精心施工”四个“精心”来概括。京沪高铁质量之优源于毫厘必较。坚持质量控制“零容忍”，方能确保工程质量“零缺陷”。

路基不再被认为是简单的填土工程，而是作为结构物来设计及施工，各种坚实的桩基支撑着它，成为深埋在地下的“根”。正是这一行行、一列列深达数米乃至数十米、数以万计包括CFG桩在内的各种桩群纵队，组成一条“地下长城”，确保了京沪高铁铺轨后零沉降的实现。中国铁路也由此全面掌握了高铁建设软土地基沉降控制技术。

京沪高铁跨越海河、黄河、淮河、长江四大水系，跨越既有铁路、高等级公路和通航河流215处，全线桥梁比例达到80.4%，最长的丹阳至昆山特大桥164公里，从而有了244座长桥、30多万根桩基、3.2万个桥墩、387处特殊结构桥梁。为了满足高平顺性的要求，高铁桥梁梁面的平整度标准极高，必须满足4米范围内不平整度小于3毫米的要求，一座座桥梁成为支撑高速列车的笔直脊梁。

京沪高铁轨道工程大量采用Ⅱ型轨道板，40多万块轨道板是

▶ 京沪高速铁路齐河北梁场

工厂化生产出来的，承轨台的打磨精度为0.2毫米，很多工人称自己是在干绣花的活儿。2010年中国水电集团三标段项目部完成了5.4万块轨道板的铺设，完工时发现其中3块板上有微小裂纹，他们立即请来京沪高铁济南指挥部常务副指挥长现场勘察。这位指挥长说："即使不影响质量，也要按标准坚决换掉。京沪高铁决不能留遗憾！"

2011年6月30日，京沪高铁首发列车驶出北京南站

以前测角精度为6秒的仪器就能满足铁路工程的测量要求，而测角精度为1秒的自动寻找目标型全站仪已经用于京沪高铁II型轨道板和高速道岔板的精调测量。

通过精确测量、计算、预制、安装、调整，牵引供电系统精度从"厘米级"跃升"毫米级"。

京沪高铁建设工地使用频率最高的一个词语是"毫米级"。从设计、施工到监理，从线路、隧道到桥梁施工，从轨道板生产到打磨，从接触网到信号工程调试，"毫米级"控制标准贯穿工程各个环节的全过程。

京沪高铁全线主体工程设计使用寿命要求大于100年，无砟轨道结构使用寿命要求超过60年。中国铁路坚信，经过"毫米级"锤炼出来的京沪高铁，一定能经得起安全与速度的检验。

2010年12月3日，京沪高铁先导段在联调联试和综合试验中，国产新一代高速动车组列车跑出 486.1 公里时速，创造了世界铁路运营试验最高时速。

2011 年 5 月，京沪高铁历经半年联调联试，通过对轨道、接触网、列控系统、列车空气动力学、桥梁动力学和震动噪音等 17 大类 600 多个子项的 6000 多个参数进行测试，检测列车试验里程累计超过 60 万公里，全线工程质量一次检验合格率 100%。

13 万精兵强将，历经春夏秋冬的磨炼，饱尝严寒酷暑的洗礼，顽强拼搏，连续奋战 38 个月，京沪高铁终于迎来了 2011 年 6 月 30 日如期通车运营！

京沪高铁穿越中国东部人口最为稠密的地区，为了最大限度节

▶ 检修库里夜不眠——动车组检修维护

约东部稀缺的土地资源，全线坚持“宜桥则桥、宜路则路”的原则，较原设计方案用地节省13000多亩，减少使用土方2400万立方米。全线的梁场和板场都进行了土地复垦工作，得到了当地政府和人民群众的赞誉。

京沪高铁是节能环保的交通工具，广大建设者以保护生态环境为己任。线路7次跨越苏州市重要水源地阳澄湖，创造了修建181个墩台和1858根桩基仍保持周边水质土壤“零污染”、70多种水产品无减产的奇迹。高铁长龙与碧水蓝天浑然一体，阳澄湖依然如它的名字那样清澄透亮。

时速300公里的京沪高铁高速列车每百人公里能耗仅3.6度，是大客车的30%、小轿车的12%、飞机的10.8%，是各种运输方式中最节能的。从覆盖站房屋顶的太阳能电池板到地源热泵采暖技术，京沪高铁采用大量新材料、新技术、新设备，实现了资源节约和节能减排。

2013年6月30日，京沪高铁迎来两周岁生日。

两年来，无论是酷暑严寒、暴雨风雪、雷电冰雹的洗礼，还是春运、暑运、黄金周、小长假客流高峰的考验，京沪高铁始终保持运营安全持续稳定，服务品质优良，综合效益显著，社会反映良好。

两年来，这条黄金大通道向世人展示了其巨大的运输潜能。京沪两地直达不到5小时，成为了沿线七省市的“陆地航班”。高峰时每天开行列车210趟，公交化的开行模式方便旅客随到随走，越来越多人尽享“千里京沪一日还”的高速和便捷。2013年2月28日京沪高铁旅客发送人数累计已突破1亿大关，运营两年累计发送旅客 12774.5 万人，高峰日旅客发送量达 33.1 万人。

两年来，京沪高铁串起沿线京津冀鲁皖苏沪共 7 省市，辐射全国 1/4 的人口，助力沿线地区经济、旅游、文化等方面发展。它带动了沿线产业不断升级，昆山、苏州等城市的高新技术产业集聚效应明显。沿线 24 个车站游客量激增，2012 年仅滕州市就接待游客 808 万人、实现旅游收入 39.6 亿元，同比增长 38.3%和 22.2%。

更为重要的是，京沪高铁在环渤海与长三角两大经济区之间架起一座能源、资本和人员快速流动的通道，将两大经济圈连成片，使这个巨型“哑铃式”经济带成为在中国经济发展中具有战略地位的“南北经济走廊”。

千百年前，先人修建的万里长城和京杭大运河，创造了人类工程史上的两大奇迹，在中国辽阔版图上绘出了巨大的“人”字。

今天，中华儿女再创奇迹，建成了世界一流的京沪高铁，在这个“人”字下又增添了一个重要支撑。

京沪高速铁路，在世界铁路史上留下了浓墨重彩的经典一页！

开通京广：神州挺起铁脊梁

如果说，2011 年中国高铁建设的亮点是京沪高铁开通运营，那么 2012 年的亮点则是北通哈大（哈尔滨—大连）与中贯京广。

2012 年 12 月 1 日，中国自主研制的 CRH380B 型高寒动车组驶出哈尔滨西站

2012 年 12 月 1 日，冰雪覆盖的东北大地，迎来了节日般的欢庆，哈尔滨至大连高速铁路开通运营。

哈大高铁营业里程 921 公里，南起海滨城市大连，北至冰城哈尔滨，纵贯辽宁、吉林、黑龙江三省。它是“四纵四横”中京哈高铁的重要组成部分。

哈大高铁是世界上第一条投入运营的新建高寒地区长大高速铁路。在它之前，世界上只有俄罗斯和北欧国家拥有在零下 40℃以下的气候条件下运行的高寒铁路，总里程不足 700 公里。运行时速最高的是莫斯科至圣彼得堡间的高速铁路，但其以 250 公里时速运行不超过 20 分钟。

2007 年 8 月 23 日，哈大高铁正式开工建设。7 万名建设大军众志成城，迎风斗雪，以桥梁、轨道、站房和四电集成施工为主线，以破解高寒高铁施工难题为重点，展开了一场新时期的战役。

针对路基冻胀顽疾，施工中采取了路基冻结深度范围内填筑非冻胀性填料、低路堤地段设置防冻胀护道、路基间排水采取在轨道板底座内设置钢管外排等一系列强化措施。

为解决道岔融雪难题，哈大高铁沿线车站、线路所、动车所全部设置了道岔融雪装置，由室内和室外两部分组成。调度中心和各车站装有远程和车站两级控制的终端设备，既可以自动启动，也可以手动操作，确保高铁在风雪严寒条件下运营安全。

哈大高铁采用防开裂的双向预应力 CRTS Ⅰ型板式无砟轨道结构。铁道部组织开展科研攻关，从优化结构设计着手，采取了增加轨道板厚度、板面设置承轨台、加密底座伸缩缝等措施来提高轨道

高寒动车组在哈大线上飞驰，经受了暴风雪考验

在北纬 42 度以北严寒地区修建的高速铁路——哈大高速铁路

结构的低温适应性；研制满足严寒地区技术性能的 CA 砂浆，克服了轨道结构的薄弱环节。

哈大高铁开行的时速 350 公里国产 CRH380B 型高寒动车组列车，也是专为满足沿线低温多雪、温差大、长距离等运输需求而开发设计的，技术指标、经济指标均达到世界领先水平。

哈大高铁线桥比例高、数量多、结构新、质量要求严。全线中桥以上桥梁 162 座、总长 662.7 公里，占线路总长的 73.3%。普兰店海湾特大桥长 4.96 公里，横跨渤海的普兰店海湾，施工单位针对周围有虾圈、海参养殖场等情况，制定了《环境保护管理办法》，专门采购了防水布并铺设了隔离带，防止生产施工中的废料、废渣对养殖池水质造成污染。

哈大高铁全线共设有哈尔滨西、长春西、沈阳北、大连北等

21 个车站。无论是新建车站，还是改造后的既有站，均以大气的建筑风格、节能环保的设计理念、高效便捷的服务功能，成为闪耀在近千公里铁路线上的璀璨明珠。

哈大高铁建设优质规范，快速有序。

五年奋战架金桥，辽沈大地换新装。2012 年 12 月 1 日，哈大高铁开通运营，从哈尔滨到大连全程 921 公里仅需 4 小时左右，实现了东北亚经济圈核心地带与环渤海经济圈的“无缝对接”。

哈大高铁开通运营，对促进东北三省的人流、物流、信息流快速流动，缩短东北与关内广大地区的时空距离，振兴东北老工业基地，具有重要战略意义。

更大的惊喜还在 25 天后。2012 年 12 月 26 日，世界运营里程最长的高速铁路——京广高铁全线开通运营。它设计时速 350 公里，把首都北京与广州 2298 公里的时空距离浓缩在陆上交通 8 小时以内，被誉为中国高铁网的南北“铁脊梁”。

京广高铁全长 2281 公里，贯穿北京、河北、河南、湖北、湖南、广东“五省一市”。全线设北京西、保定东、石家庄、邯郸东、新乡东、郑州东、武汉、长沙南、株洲西、衡阳东、广州南等 36 个车站。

这条世界运营里程最长的高速铁路分三段建设与开通运营。

京广高铁武汉至广州段运营里程 1079 公里，于 2005 年 6 月 23 日率先开工，2009 年 12 月 26 日建成运营。这条高速大动脉将武汉至广州旅客列车运行时间缩短到 3 小时。

▶ 京广高速铁路示意图

京广高铁郑州至武汉段营业里程 526 公里，于 2008 年 10 月 15 日开工建设，2012 年 9 月 28 日开通运营。郑州至武汉间火车运行时间由原来的最快 4 小时 28 分钟缩短至 1 小时 56 分钟，实现了

▶ 高速列车通过京广高铁清远北江特大桥

黄河长江高速牵手，郑州武汉快捷往来。

京广高铁北京至郑州段，其中北京至石家庄段于 2008 年 10 月 7 日开工建设，石家庄至郑州段于 10 月 15 日开工建设，开工日期仅差 8 天，同时于 2012 年 12 月 26 日开通运营。这一“点睛”之笔，将 2281 公里的京广高铁全线贯通运营，一举激活了高铁运营版图上这条蓄势待发的巨龙。

茫茫九派流中国，沉沉一线穿南北。一代伟人毛泽东生前对“一线穿南北”的京广铁路情有独钟。武广高铁与京郑段均选择在 12 月 26 日毛泽东诞辰纪念日开通运营，是中国铁路对这位伟人的最好纪念。

京广高铁是《中长期铁路网规划》中“四纵四横”高速铁路的重要“一纵”，它连接华北、华中和华南地区，跨越温带、亚热带

▶ 武汉天兴洲长江大桥

气候分布区域和海河、黄河、淮河、长江、珠江等众多水系，穿越平原、低山丘陵、崇山峻岭，面临软土、松软土、膨胀土和岩溶等多种不良地质，是中国目前建设标准最高的高速铁路之一。

为解决京广高铁沿线地质条件复杂、工程难度巨大和运营面临的各项技术难题，铁路部门共安排了43项科研课题，系统开展了技术创新工作。

在工程技术方面，研究解决了软土、松软土、膨胀土等不良地质条件下路基设计施工技术难题，研究解决了跨越长江、黄河等大江大河桥梁技术难题。

武汉天兴洲长江大桥，正桥全长4657米，主跨504米，大桥路面铺设4条铁路线，是中国首座四线公路铁路两用斜拉索桥，创下了跨度、荷载、速度、宽度4项世界第一。汀泗河特大桥主跨140米，跨越京珠高速公路，是目前世界上跨度最大的钢箱系杆拱桥。株洲特大桥全长4380米，主跨是140根钢梁系钢拱，也是世界上独一无二的。在超过1000公里的长大干线高速铁路上，建设者第一次在跨度140米的钢箱系杆拱桥上铺设无砟轨道，第一次在168米的钢构混凝土连续梁上铺设无砟轨道，而且精度是1毫米。

京广高铁的隧道主要集中在华南崇山峻岭地段。武广高铁全线共有隧道226座、约占线路总长的19%，长度3公里以上的长隧道就有12座，最长隧道为大瑶山一号隧道，全长10080米。京广高铁成功打通了长大隧道。

京广高铁还攻克了大断面隧道设计施工技术难题。全长4.98公里的石家庄地下六线隧道，是中国目前隧道断面最大、结构断面

▶ 大瑶山三号隧道进口

型式最多的铁路隧道。它的建成大大提高了中国铁路城市隧道建造水平。

在运营技术方面，京广高铁全线研究采用了无砟轨道结构、时速300—350公里高速动车组技术、接触网大张力悬挂技术和中国高速铁路列车运行控制系统（CTCS-3）。

京广高铁36座车站风格各异，绚丽多姿，像一串明珠洒落在沿线。2012年9月28日，郑州东站随着郑武段的开通运营而正式启用。这座中原省会的车站也许不如武汉站宏伟，不如广州南站秀丽，但它在以“四纵四横”为主骨架的铁路快速客运网中位居京广、徐兰两条铁路客运专线的“十字”交会点，是国家铁路网中的重要枢纽，总建筑面积41.2万平方米，有站台16座、到发线32条。更有特殊意义的是，它实现了一代伟人毛泽东60年前的夙愿。

1952年10月底，毛泽东乘专列抵达郑州。当时，位于京广、陇海两大铁路动脉交会点的郑州车站异常繁忙。毛泽东登上郑州车站站台，望着伸向远方的铁路，对时任铁道部部长滕代远说，要高度重视郑州在中国举足轻重的枢纽地位，并发出指示："要把郑州车站建成远东最大、最完善的客运大站。"

新建的郑州东站启用后，实现了铁路客运、公路客运、城际铁路、地铁及城市公共交通等多种交通方式的"零换乘"，成为便民利民的"最完善的客运大站"。

2012年11月29日，在京广高铁疾驰的列车上，27名中国工程院、科学院院士及几十名专家在亲身体验了高铁的安全性、舒适性、便捷性后给予充分肯定，称赞高铁是新中国成立以来最伟大的工程之一。他们指出，中国高铁不但成功实现了自主创新，并且实现了产业化，在世界上处于领先地位。

京广高铁在战略上为中国中部挺起了"铁脊梁"，推进沿线主要城市间同城化、城镇化、工业化、信息化进一步"提速"，有力带动着沿线近4亿人口向全面建成小康社会快速迈进。

继京沪高铁之后，京广高铁为中国版图再添一条"黄金通道"。乘京广高铁，北京至广州缩短在8小时以内，北京至长沙最快5小时40分，北京至武汉最快4小时17分，北京至郑州最快2小时30分，北京至石家庄最快1小时07分，均较以前压缩了一大半时间。

京广高铁以高速度、大密度、公交化的运行模式，旅客可随到随走，使京广高铁客流持续增长。截至2013年12月26日，京广高铁已安全运营一周年，共发送旅客6845多万人。京广高铁将武汉城市群、长株潭城市群、中原城市群、环渤海城市群和珠三角城市群连为一体，沿线城市人流物流实现广泛互动，“大京广”高铁经济和社会效应凸显。

京广高铁全线贯通后，沿线28座城市大多选择将城市发展重心向高铁车站所在区域倾斜，工业园区和经济开发区拔地而起，大大推动了沿线产业转移，加快了区域工业化和信息化进程。珠三角地区许多企业迫切需要加快产业升级转移，而京广高铁开通为他们实施产业转移提供了契机，成为新一轮经济发展的重要引擎。湘南地区在武广高铁开通后正式获批国家级承接产业转移示范区，成为湖南省对接珠三角的主要桥头堡。

“今天，当我乘坐一日千里、驰骋广袤国土的京广高铁列车回到你的身旁时，我突然发现，当年所追寻的梦想已花开眼前。”2013年3月，一位央视主持人在采访乘坐京广高铁到北京参加两会的代表委员时，朗诵了一首诗歌，引起了人们的广泛共鸣。

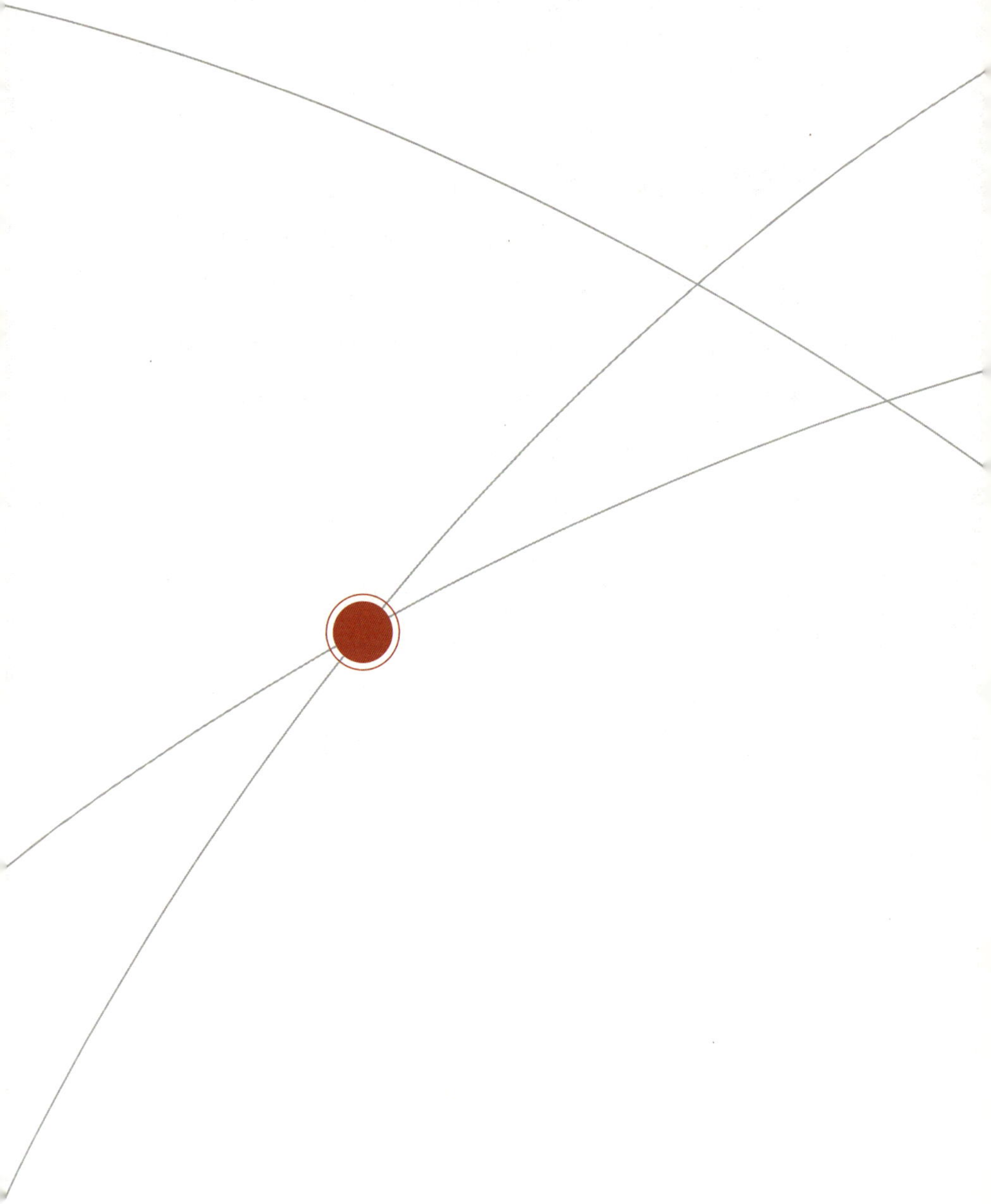

3

动车组

——追风的铁龙

以前，人们常说“火车跑得快，全靠车头带”，这里所说的“车头”就是指“机车”，由它带着车厢走。而高速铁路列车采用动车组，自身带有动力，不必再由机车牵引了。

所谓“动车组”，是一种由动车（有动力）和拖车（没有动力）组成的自带动力、固定编组、两端均可操纵驾驶的旅客列车。

中国铁路开发研制动车组始于1958年。20世纪90年代以来，铁路机车车辆工业进行了多项动车组国家重大科技项目攻关，1999年时速200公里的“蓝箭”号动车组在广深线投入运营，2002年“先锋”号与“中华之星”号在秦沈客专综合试验中相继创出292公里与321.5公里新时速，体现了中国铁路对动车组的自主创新与不舍追求。

2004年4月，国务院明确提出“引进先进技术，联合设计生产，打造中国品牌”的基本方针，开启了中国高速列车引进、创新、超越的发展新路。

6年里，中国铁路按照既定方针与目标，连续迈上3个台阶：第一个台阶，通过引进消化吸收再创新，掌握时速200—250公里高速列车制造技术，标志着中国高速列车技术跻身世界先进行列；第二个台阶，在掌握时速200—250公里高速列车技术的基础上，自主研制生产了时速350公里高速列车，标志着中国高速列车技术达到世界先进水平；第三个台阶，中国铁路以时速350公里高速列车技术平台为基础，成功研制生产出新一代时速380公里高速列车，标志着中国高速列车技术发展到世界新水平。

两岸猿声啼不住，轻舟已过万重山。中国由2004年的高速列车技术引进国，完成了“中国制造”向“中国创造”的华丽转身。

中国高速列车技术创新示意图

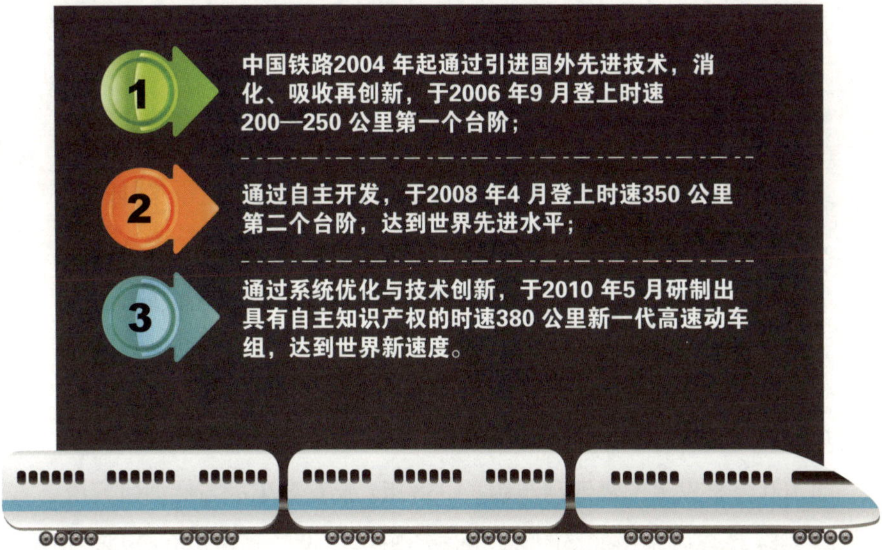

破冰之旅：蓝箭、先锋号“子弹头”列车

中国铁路研制动车组起步并不晚，早在 1998 年 6 月“庐山”号动车组就运行于南昌至九江间。那些年，中国虽没有高速铁路，但实施大提速后中国国产动车组纷纷亮相于城际铁路，旅客们亲切地称之为“子弹头”列车。除铁路外，城市中的地铁列车和轻轨电车也属于动车组的范畴。

鲜为人知的是，新中国成立后不久，铁道部就着手启动研制动车组。1956年7月铁道部在《1956—1967年铁道科学技术发展远景规划纲要（草案）》中提出，要研究低重心轻快客车、自动列车及近郊客车。1958年9月，四方机车车辆厂（现南车四方机车车辆股份有限公司）设计制造了中国第一列“东风”号双层摩托化列车，由2辆动车和4辆双层客车组成，曾在青岛至烟台区间试验，最高时速达74公里。1960年11月，四方厂又研制出一列低重心列车组，由8辆硬座车、1辆软座车、1辆行李车组成，定员444人，采用铝合金薄壳结构，外轮廓呈流线型，在京津间运用试验。

1978年12月，全国铁路科学技术大会召开，通过了《1978—1985年全国铁路科学技术发展规划纲要（草案）》，提出要研制时速160公里以上的高速动车组。1988年，长春客车厂与株洲研究所、铁科院联合研制出KDZI型交流电动车组，设计时速140公里，但由于当时运输条件限制未投入运用。1993年至1995年，四方厂研制了2台“天安”号内燃公务动车，分别配属北京铁路局和沈阳铁路局，用于铁路事故处理指挥和巡视检查。

机车车辆工业是一个国家先进生产力和现代文明的象征。旧中国贫弱，机车全部依赖进口。到1949年，中国可统计的机车有4069台，分别出自9个国家的30多家工厂，机车型号多达198种，人称中国是“万国机车博物馆”。新中国成立后，铁路工业系统广大科技人员于20世纪50年代相继制造出了蒸汽机车和内燃机车，60年代初又造出了电力机车。改革开放后，铁路机车车辆工业发展加快，结束了内燃机车进口的历史；1988年全路最后1台路用蒸汽机车停止生产，标志着铁路开始进入内燃、电力机车为主的新时代。20世纪90年代，围绕“提速、重载”方向，铁路工业加快技术改造步伐，促进产品上质量、上档次、上水平。

经过 50 年发展，中国铁路已建立门类齐全、布局合理的机车车辆制造与修理的工业体系，下属 36 家企业，共达 30 多万员工。2000 年 12 月 15 日，铁道部与中国铁路机车车辆工业总公司实施政企分开。与铁道部脱钩后，工业总公司重组为中国南方机车车辆工业集团公司和中国北方机车车辆工业集团公司，为中国铁路装备业的发展注入了生机和活力。

1997 年 4 月 1 日，中国铁路实施第一次大提速。以大提速为契机，中国动车组开始了走向市场的“破冰之旅”，进入了一个较快的发展时期。

“先锋”号行驶在秦沈客运专线

1999 年，时速达 200 公里的“蓝箭”号电动车组在广深线投入运营，标志着中国的动车组已经进入了快速的行列。法国的《费加罗报》指出：“这是中国不借助外国技术，完全依靠自己的力量，独立建造高速火车的第一步。”

最引人关注的是“先锋”号与“中华之

星”号电动车组。

2002 年 9 月，“先锋”号在秦沈客专综合试验中创造了时速 292 公里的中国新纪录，后运行于西南成都至重庆间。该动车组在国内首次采用交—直—交电传动、计算机网络列车控制和微机控制直通电空模拟制动系统。

“中华之星”号电力动车组由 2 辆动车、9 辆拖车组成，总定员 726 人，采用动力集中型交流传动，具有全列车网络控制、逻辑控制和自我诊断功能，设计时速 270 公里，2002 年 11 月在秦沈客专试验中最高时速达到 321.5 公里。该动车组曾在沈阳至山海关间运行。

动车组列车采用流线型车头，旅客们称之为“子弹头”列车。从 1998 年至 2002 年世纪之交的 5 年里，中国有几十列动车组奔驰在全国万里铁道线上。动车组这一新型列车的运营，满足了人民群众对铁路客运方式的多元化需求。一列列“子弹头”拖出的流动风景，为铁路客运带来了新的活力。

作为中国铁路动车组的“破冰之旅”，它主要用于铁路中短途旅客运输，在技术上肯定还有许多不完善的地方，对时速 200—250 公里高速动车组的研制也还处于起步阶段。但重要的是，坚冰已经打破，方向已经明确！

5 年研制，5 年运营，中国铁路制造业涌现出四方、长客、唐山、株机等一批生产动车组的龙头企业，锻炼了队伍，储备了技术，积累了经验。他们厉兵秣马，蓄势待飞，将迎来令世界惊叹的中国高速列车技术的跨越发展！

加速度：16 年太久，中国铁路等不起

经过多年发展，中国铁路机车车辆制造水平不断提高，但与发达国家相比还有明显差距，特别是机车车辆的安全可靠性、设备功能不高，时速 200 公里动车组还处于研制开发阶段，在系统集成、交流传动等关键技术上还不够成熟，材料和工艺水平有待提高，安全性、可靠性难以满足要求。

继续在这样的技术平台上依靠自主研发提升动车组技术水平，也不是不行，但要系统掌握时速 200 公里及以上动车组技术至少需要 10 年至 15 年，时速 200 公里既有线大提速迫在眉睫，客运专线建设已经启动并将大规模展开，中国急需高速动车组。

中国铁路能否利用人类共同创造的文明成果，形成后发优势，最终赶上发达国家水平？如何通过技贸结合方式，整体引进国外高速动车组技术，消化吸收再创新，逐步实现国产化，打造中国品牌？

这是一个目光深远的目标，也是一个充满艰辛与风险但又必须实现的目标！

2003 年 8 月 3 日，铁道部装备现代化领导小组召开会议，研究技术引进项目的操作方式与实施策略；8 月 29 日，邀请南车、北车集团公司，铁道科学研究院及部分高等院校资深院士、研究员、专家、教授座谈，共谋加快铁路装备现代化发展大计；11 月 29 日，铁道部审议通过《加快机车车辆装备现代化实施纲要》。

2004年4月1日，国务院召开会议，专题研究铁路机车车辆装备有关问题，印发《研究铁路机车车辆装备有关问题的会议纪要》，提出了“引进先进技术、联合设计生产、打造中国品牌”的基本方针，明确了重点扶持的6个工厂，确立了引进技术、通过消化吸收再创新实现国产化的项目运作模式。

至此，铁路装备现代化道路成为了国家意志，中国铁路史上规模最大的引进消化吸收再创新工程由此启动。

2004年7月29日，国家发改委与铁道部联合印发《大功率交流传动电力机车技术引进与国产化实施方案》和《时速200公里动车组技术引进与国产化实施方案》。

从提出目标到做出决策再到确定具体实施方案，从国务院领导到国家发改委、铁道部再到机车车辆研究制造企业，这其中经过了许多次论证研究，经历了许多个环节程序。仅仅用了一年时间，中国铁路装备现代化迅速驶上发展“快车道”。

根据国务院确定的铁路装备现代化总体要求，铁道部经过研究论证和反复比选，确定了实施具体方案：坚持“先进、成熟、经济、适用、可靠”的技术标准，以铁道部为主导，以国内企业为主体，以掌握核心技术为目标，利用中国铁路巨大的市场，联合国内科研、设计、制造企业，以低成本引进先进技术，进行消化吸收再创新，实现本土化生产，用3至5年的时间打造出中国品牌的高速铁路列车。

2004年6月17日，《人民铁道》报和中国采购与招标网同时发布了招标公告：中华人民共和国铁道部为了满足国内铁路日益增长的客运服务需要，拟采购时速200公里的铁路电动车组，共计10包200列。公告明确了招标公司和投标人资格，投标主体是国内企业，但它必须取得国外先进技术的支持。

有人担心，日、法、德等国长期垄断高铁技术，谁能把关键技术拱手相让？整不好花了钱还换不来技术。

但中国铁路有自己的基本估计：日、法、德等发达国家高速铁路经过几十年发展，整体运输设施基本形成，装备制造市场处于基本饱和的状态，而中国正成为世界铁路发展的最大新兴市场。

掌握高速动车组设计和制造技术的四大巨头——德国西门子、法国阿尔斯通、日本川崎重工和加拿大庞巴迪等跨国集团都看中了中国铁路巨大的市场，提出希望以合资公司为主体投标。铁道部坚持外方向中国企业全面转让技术，国内企业要自己掌握核心技术，实现国产化，用中国品牌，不能受制于人。铁道部集中国内资源，与国际跨国公司博弈。

2004年7月开标后，法国阿尔斯通、日本川崎、加拿大庞巴迪公司与中国企业合作中标。

2005年，德国西门子公司也按照中方的条件，和唐山轨道客车有限公司合作中标。

以市场换技术，通常有两种结果：一种是以我为主，强调拥有自主知识产权，打造中国品牌；一种是满足于技术合作，由外方把持核心技术，国内组装，做代工厂。

中国铁路坚定地选择第一种。引进中不搞“诸侯混战”，不搞内耗，由铁道部统一招标，形成一个“拳头”，实现技术引进的四大目标：引进最先进的技术，全面引进核心技术，实现了低成本引进，最大限度地提高国产化率。

从铁道部到南车、北车的有关企业，上下目标明确，凝心聚力：引进，不是简单地采购装备，其根本目的是为了消化吸收，实现国产化，使国外的先进技术在中国落地生根；引进，不仅仅是引进设计图纸，也包括设计理念、制造过程、工艺水平、管理水平、维修水平以及标准化等。

在铁道部组织下，中国机车车辆制造业 8 家新造主机或配件研制企业进入技术引进序列。这些企业在前些年研制“先锋”“中原之星”号等动车组时都积累了经验，有较强的技术队伍与技术储备。中国南车四方股份公司、中国北车长春客车股份公司和唐山客车公司先后从加拿大庞巴迪、日本川崎重工、法国阿尔斯通和德国西门子引进技术，联合设计生产高速动车组。

3 年多里，中国铁路装备制造企业在前些年研制生产动车组的基础上，大力加强消化吸收再创新，经过艰辛努力，较快地掌握了高速动车组总成、车体、转向架、牵引变压器、牵引变流器、牵引电机、牵引控制、列车网络控制和制动系统 9 大关键技术，以及受电弓、空调系统等 10 项主要配套技术，涉及 5 万个零部件，基本形成了中国时速 200—250 公里动车组技术标准体系，实现了动车组国内制造。

2006 年 9 月 28 日，中国首列时速 200 公里国产 CRH 2 型“和谐号”动车组列车在中国南车四方股份公司下线。

2007年4月6日，首列时速250公里国产CRH5型“和谐号”动车组列车在中国北车长春客车股份公司整列编组下线，它的问世满足了包括北方高寒地区在内的特殊地区的动车组列车运营需要。

忽如一夜春风来，千树万树梨花开。2007年4月18日，中国铁路第六次大面积提速，140对时速200公里及以上的“D”字头动车组列车首次亮相。新华社记者曾用“三年磨砺，一朝惊艳”八个字，道出了国人的惊喜。

中国铁路掌握了200公里及以上动车组关键技术，国产化率达到70%以上。中国，从此有了属于自己的高速列车，它们有一个共同的名字——“和谐号”。

2004年，在中国引进高速列车技术时，国外一位铁路同行曾这样劝告中方技术人员：不要操之过急，先用8年时间掌握时速200公里的技术，再用8年时间掌握时速350公里的技术。在他看来，这已经够快了，日本新干线从时速210公里提升至300公里，用了近30年的时间。

动车组铝合金车体结构

但16年太久，中国铁路等不起！

在国产时速200—250

❶动车组总成
为确保动车组各系统的性能以及安全性、舒适性和可靠性，通过先进的仿真技术对各系统匹配参数进行优化，采用现代化工艺和装备组装，并进行严格的科学调试。这是高质量实施动车组总成的根本保证。
❷车体：
具有气动性能良好的流线型头形，宽幅、轻量化结构和良好的隔音降噪效果。
❸高速转向架
对保证高速列车安全、平稳运行，提高旅客乘坐舒适性起决定性作用。采用高性能空气弹簧和减振器等减振装置，有效提高了动车组的减振性能，同时采用空心车轴、轻量化构架等新技术。
❹牵引变流器
采用IGBT（绝缘栅双极型晶体管）大功率变流元件实现交—直—交电牵引传动，技术成熟、可靠。
❺牵引变压器
通过真空断路器保护切换，满足列车牵引、过分相及再生制动的要求。
❻牵引电机
采用三相交流异步感应电机，实现大功率交流牵引，轻量化结构设计。
❼牵引控制
通过列车超速防护车载设备接受地面行车指令，由计算机控制列车运行。司机室遵循人机工程学原理设计，集成各控制部件及显示部件，保证动车组的正常操作功能，提供健康、高效、整洁、美观、舒适的操作空间。
❽网络控制
采用先进的计算机网络技术对动车组的关键部位、重要零部件进行监控，并向旅客提供信息服务。
❾制动系统
采用计算机控制，以电制动为主，空气制动为辅，动车组可根据指令，按模式曲线精确制动、定位停车。

▶ 高速动车组的基本构成

拖车转向架

公里动车组基础上，中国铁路迅速搭建起速度可持续提升的动车组技术平台，旋即启动了时速 300—350 公里的动车组研制工作。

更艰巨更精彩的超越还在后头。

“中国创造”：6 年连登三台阶

动车组按动力装置主要分为内燃动车组和电力动车组两类；按动力的分布方式则可分为动力集中动车组和动力分散动车组。动力分散型动车组牵引功率大，轴重小，启动加速性能好，可靠性高，编组灵活，运用成本低，载客量多，是动车组发展的方向。

中国铁路在引进外国高速动车组技术时，从国情路情出发，正确选择了世界先进的动力分散型动车组。中国铁道科学研究院首席研究员黄强长期从事高速动车组研究，一度负责动车组总体设计。1995 年，49 岁的黄强受命主持国家“九五”重点科技攻关项目“高速试验列车技术条件的研究”。他跟踪世界高速列车的动态，研究了德国、法国高铁动力集中式动车组，又比较了日本高铁的动力分散式动车组，经过研究他发现，动力分散式动车组载客量大，编组灵活，适合中国国情。1996 年至 2001 年，他挂帅负责总体技术，率先研制了中国首列“先锋”号动力分散型动车组。黄强旗帜鲜明地提出中国高速列车应采用动力分散型的技术路线。从 2004 年起，他作为动车组技术专家抽调到铁道部动车组联合办公室，负责总体设计。在引进高速动车组中，铁道部采纳了黄强的方案设计，选择了动力分散型动车组。

有人以为，引进国外动车组技术，就是直接按国外动车组的设计方案制造，其实不然。中国引进与生产的动车组，是根据中方的设计方案制造的。在负责中国动车组总体设计工作中，黄强把自己的工作称为“抓两头，带中间”。一头是根据中国特点，负责高速动车组的系统集成、概念设计、方案设计与技术设计，而后将设计方案交付中外联合体厂家，进行施工设计和细节的制造；另一头是动车组试制出样车后，组织进行试验研究和安全评估等。黄强主要负责两头的总体技术工作，他经常与中外联合体厂家磨合沟通，讲解与落实设计思想。

当2006年9月时速200公里的中国动车组下线后，不少外国同行认为，中国至少要在这个平台上消化、停留10年。

但中国铁路不但没有停留，而且超前谋划，组织发起向第二个台阶进军。铁道部未雨绸缪，整合全路装备制造业的资源与人才，建立了以四方股份、唐车公司、长客股份等主机厂为龙头，以铁科院、株洲所、四方所、戚墅堰所、永济厂等国内骨干企业为支撑的高速动车组设计、制造体系，启动了时速300—350公里动车组的研制工作。

针对中国高铁高速度、高密度、大运量、长短途结合等运输需求和气候差异大、地质条件复杂等环境特点，黄强主持制定各速度等级高速动车组总体技术方案，他提出适合客流潮汐性特点的可重联8辆编组总体技术方案、技术关键和解决途径，以及安全、舒适、可靠等顶层指标体系；规划高速动车组的系统组成，提出中国独特的由16个子系统组成的动车组系统配置方案。铁路制造企业群策群力，搭建起时速从200公里到300—350公里可持续提升的动车组技术平台。

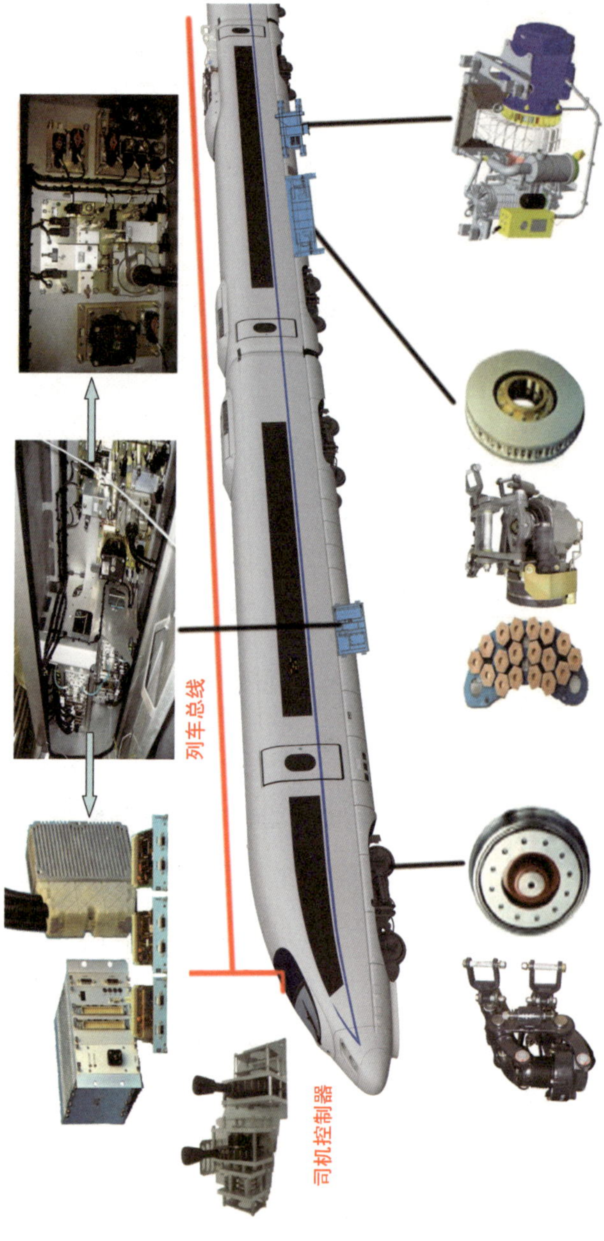

▲动车组制动系统重要部件

在系统掌握时速 200—250 公里动车组技术基础上，通过轮轨动力学、气动力学控制、车体结构、转向架等方面技术创新，中国铁路基本形成了时速 300—350 公里动车组技术标准体系。

中国南车四方股份公司前身为德国修建胶济铁路的四方工厂，始建于 1900 年 10 月。这家百年老厂以引进为契机，努力掌握与突破高速动车组的关键技术，率先做出了从“制造型”企业向“创新型”企业转变的重大战略抉择。

2007 年 12 月 22 日，国产化时速 300 公里 CRH2—300 动车组在南车四方股份公司成功下线。

时速 300 公里只是第二个台阶的初级目标。谁先研制出首列时速 350 公里国产动车组？几家制造厂紧锣密鼓，加快研制步伐。

2008 年 4 月 11 日，国产时速 350 公里 CRH 3 型动车组在中国北车唐山客车公司下线，这是铁路技术装备现代化取得的又一重大成果。

唐山客车公司前身为唐胥铁路修车厂，是中国最早成立的铁路工厂，早在 1881 年 6 月就自制成中国第一台简易蒸汽机车牵引煤车。2005 年引进西门子技术后，唐山客车公司抓住机遇，通过消化吸收再创新，突破关键技术，构建起新的动车组产品技术平台。

新下线的 CRH3 型动车组，在引进世界高速动车组成熟技术的基础上，适应中国铁路客运需求特点，进行了优化设计。根据空气动力学原理，设计的车体外形呈流线型，降低了动车组的空气阻力

▶ 中国铁路创新发展，研制生产的 CRH3 型动车组列车

和噪音；车体由轻型铝合金材料焊接而成；采用高速转向架、防撞车体结构和独特的防火设计结构，速度快，乘坐舒适，安全性能高；配备车载技术诊断系统，可以高效率地完成对各种功能设备故障的检测、预报和排除；具有的良好密封性能，使旅客免受列车高速会车及通过隧道时车外压力波对车内的影响。

2008 年 6 月 24 日，国产 CRH3 型动车组在京津城际铁路联调联试中创出了时速 394.3 公里的中国当时列车试验最高速度。

当年 8 月 1 日，CRH3 型国产动车组在京津城际铁路正式投入运营。它标志着中国高速列车技术达到世界先进水平。

▶ 高速列车司机室

但中国铁路志存高远，并没有为达到世界先进水平的第二个目标而踌躇满志，心满意足，而是一鼓作气，继续瞄准第三个既定目标，加紧研制时速 380 公里的高速列车。

这一新一代高速列车是高新技术的系统集成，它将融合交流传动技术、复合制动技术、高速转向架技术、高强轻型材料与结构技术、减阻降噪技术、密封技术、现代控制与诊断技术等一系列当代最新科技成果。要研制出国外尚且没有的新一代高速列车，仅靠中国铁路一家之力还不够，必须举全国科技之力，集中国家优势科技资源，大力推进高铁核心技术自主创新。

2008 年 2 月 26 日，北京钓鱼台。科技部与铁道部共同签署《中国高速列车自主创新联合行动计划合作协议》。行动计划将重点围绕开发运营时速 380 公里的新一代高速列车，建立并完善中国高速铁路技术体系。

一个以政府为主导、企业为主体、市场为导向、项目合作为纽带、产学研用紧密结合的技术创新平台快速搭建起来。它汇聚了国内机械、材料、力学、信息、自动控制、电力电子等相关领域的顶级专家，囊括了中科院、清华大学、北京大学在内的近30家国内一流科研院所与高校，68个院士、500多名教授参与其中，形成了以中国南车、中国北车下属的十家核心企业为创新主体，与上万名科技工作者共同组成的一支强大的产学研用科技创新团队。

中科院力学研究所承担了中国高速列车空气动力学优化设计项目，很多技术是建立在力学所对航空航天动力学研究的基础上。课题进行中与企业高校联合协作非常顺利，仅是动车组头型设计，就与四方股份公司共同设计出20多个方案，经过数字分析和风洞实验，再到同济大学汽车风洞做噪声试验，经过反复比选，最后选出一个减震降噪等效果最好的头型。

得益于两部联合行动计划，南车四方股份公司、北车长春客车股份公司、北车唐山客车公司三大主机厂自主创新能力迅速提升。三大公司相继建成高速列车系统集成国家工程实验室，发展了配套核心层企业数百家，形成了一个庞大的高新技术研发制造产业链，逐渐成为中国铁路装备制造领域的领军企业。

围绕开发新一代高速列车科技难题，通过两部合作，组织全国优势力量联合攻关，被业内人士称为“国家科技计划与重大工程结合的典范”。

经过两年多时间的艰苦努力，2010 年 5 月 27 日，在中国北车长春客车股份公司，CRH 380B 新一代高速列车首辆车精彩下线。

这天正值长客股份高速车制造基地一期工程竣工。基地的建成投产，标志着长客公司高速动车组的生产规模、制造水平、设计研发和试验能力已走在世界前沿。基地设计能力年产 1000 列动车组、1200 辆至 1400 辆城铁车、500 辆普通铁路客车及 6000 个转向架。

CRH1 型动车组

CRH3 型动车组

CRH2 型动车组

CRH5 型动车组

CRH380 型动车组

世界主要高速铁路国家最高运营速度情况

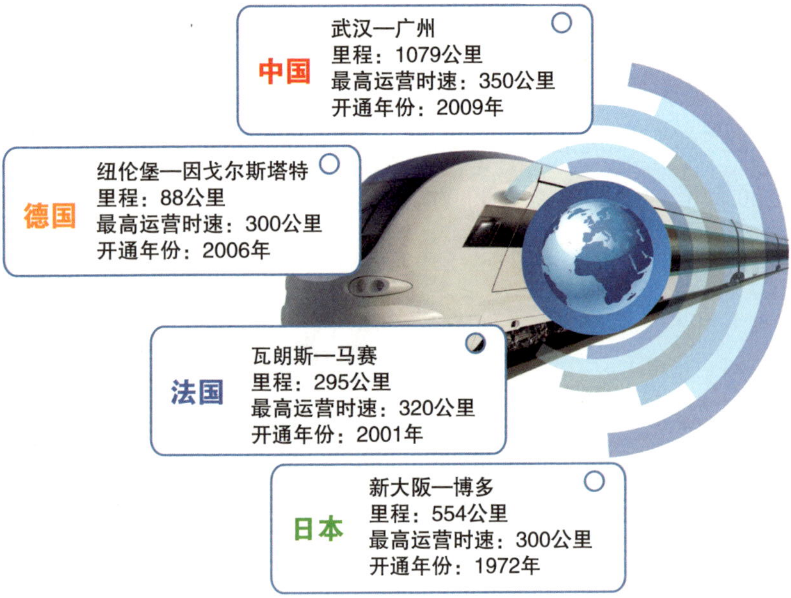

继长客之后，2010 年下半年，南车四方、北车唐山也相继研制出 CRH380A 型、CRH380BL 型高速动车组。

中国研制开发的新一代高速动车组，通过系统优化与技术创新，运行速度更快，安全性更高，舒适度更好，节能环保指标更优。新一代高速动车组实现低阻力流线头型、优良的车体振动模态、高气密强度和气密性车体、大承载高安全性转向架、先进的隔声减振技术、强动力绿色牵引系统、主动控制低气流扰动双弓受流技术、高安全低磨耗复合制动、人性化多样化个性化服务设施、控制诊断监视智能化等 10 大系统创新。

世界主要高速铁路国家最高试验速度情况

国家	最高试验时速	时间	试验车型	线路
法国	380.4	1981年9月	TGV-PSE	巴黎—里昂
	515.3	1990年5月	TGV-A	巴黎—勒芒与图尔试验线
	574.8	2007年4月	V-150	巴黎—斯特拉斯堡
日本	425.0	1993年12月	STAR21	上越新干线燕三条—新潟
	443.0	1996年7月	300-X	米原—京都
德国	406.9	1988年5月	ICE-V	汉诺威—维尔兹堡
中国	486.1	2010年12月	CRH380A	京沪高铁枣庄—蚌埠

2010 年 12 月 3 日，CRH380A 新一代高速动车组在京沪高铁枣庄至蚌埠段综合试验中创出 486.1 公里的时速，刷新世界铁路运营试验最高速度，成为中国高铁发展的新坐标。

486.1 公里，相当于波音飞机起飞的速度。试验中高速列车脱轨系数、轮重减载力、轮轴横向力最大值分别是 0.13、0.6、16，低于标准值要求的 0.8、0.8、48。专家指出，动车组列车运行速度只要在三大关系的极限参数内，安全是有保障的。

科学的数据能说明一切。CRH380 动车组列车不仅安全性高，而且气动阻力比照以往车型降低 15.4%，气动噪声降低 7%；高速列车在通过隧道或两车交会时气密承载能力提高 50%。CRH380 动车组列车搭配的高级智能化“大脑”——C3 列控系统，可以让列车“该走的时候走，该停的时候停”，可以对列车实行连续不间断速度监督，实现超速防护。

高速铁路技术起源于欧洲，但率先应用于日本，1964 年第一条新干线开通后日本担当了高速铁路的先驱者。1981 年法国 TGV 开通，最高时速 270 公里，展现了全新的高速铁路，一举超越日本。德国高铁技术实力雄厚，但高铁建设进展缓慢，ICE 高速铁路直到 1991 年才开通运营，列车最高时速为 300 公里。经过 40 多年的发展，高速铁路技术逐渐形成以日、法、德 3 个技术原创国为代表，各具特点的技术体系。中国在高铁技术上享有后发优势，综合吸收了日、法、德高铁技术专长，从中国国情出发，博采众长，集成创新，发展形成了独具中国特色的高铁技术。

中国铁路打造出自己的品牌——CRH 系列动车组。CRH 为英文 China Railways High-speed 的缩写，意为“中国高速铁路”。CRH 系列动车组均命名为“和谐号”，这就是人们常见的白色的动车组。CRH 动车组已有 CRH1、CRH2、CRH3、CRH5（1、2、3、5 生产厂家分别为 BST、南车四方、北车唐山、北车长客），以及新一代 CRH380 等系列十几种型号。以 CRH380A 为例，380 代表时速 380 公里，最后一位字母 A 则代表列车的车型。

中国动车组已取得累计千余件相关专利授权。中国动车制造业博采众长，自主创新，具备了极强的系统集成、适应修改、综合解决并完成本土化的创新能力，最终形成自主技术标准与设计。它向世人昭示：中国铁路装备实现了对既有技术的历史性超越，完成了从“中国制造”向“中国创造”的转身。

京广高铁列车蓄势待发

中国高铁追逐梦想的脚步依然没有停止。2012 年 5 月 29 日在北京举行的“高速列车科技创新国际论坛”明确：“十二五”期间（2011—2015），中国高速列车技术将瞄准“谱系化、智能化、绿色化”的目标发展。为促进这一目标的顺利实现，中国高速列车产业技术创新战略联盟于当日正式成立。

2012 年 11 月 30 日，中国首列时速 200 公里 CRH6 型城际动车组在南车四方股份公司下线。它编组灵活，具有运能大、起停速度快、乘降便捷、舒适节能等特点，在核心、关键技术上完全实现了自主化。

2013 年 9 月 25 日，由北车长春客车股份研制的 CRH380CL 新型高速动车组投入京沪高铁运营。它采用了细长比更大的流线型铝合金车头，比之前运营的动车组的车头长 2.6 米，降低了 12% 的空气阻力；车内采用 LED 节能光源照明，照明度提高了 60%，一列车仅此每年可节电 2 万度。

中国铁路掌握了设计、制造适应各种运行需求的不同速度等级的高速动车组列车成套技术。截至 2013 年底，中国铁路已投入运营了各种型号的高速动车组列车 1318 组。

绿色掩映的京沪高速铁路

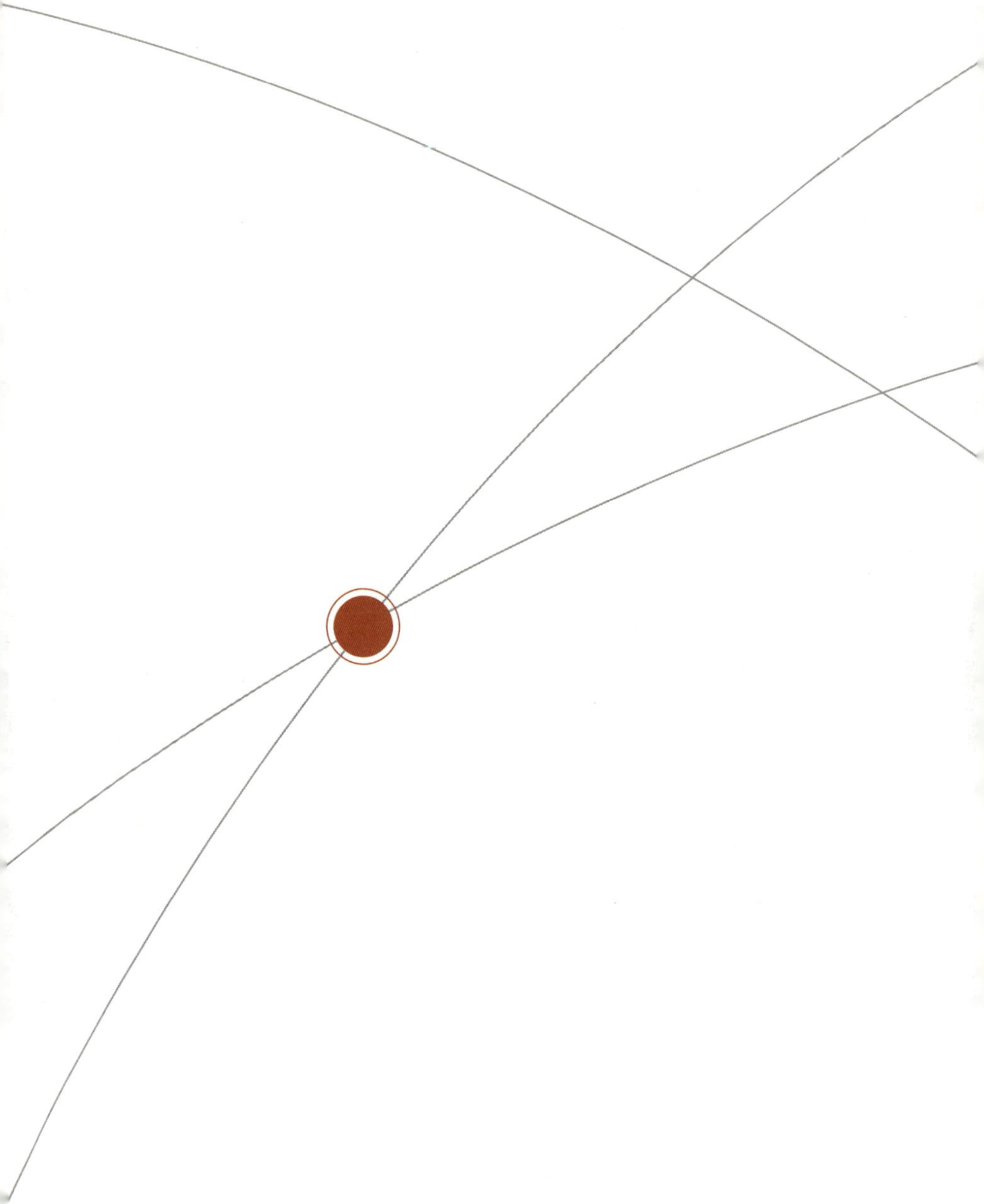

4

铁路工程铸精品

高速列车为什么能跑起来，而且能高速安全平稳运行呢？其道理和汽车一样，汽车要跑得快，不仅取决于车的性能，还要有平顺的高等级公路，要靠有效的交通指挥和疏导。良好的线路条件、性能优越的动车组、先进的列车运行控制系统，构成了高速列车安全平稳运行的三大基本要素。

从2004年起，中国铁路以实施《中长期铁路网规划》为契机，一手抓高速动车组研制，一手抓高铁工程建设，为高速列车跑得又快又稳提供良好的线路与先进的列车运行控制系统。

高铁工程建设线路多，涉及面广，技术标准高，而且质量要求精密，路基下沉量要控制在毫米级，接触网导线平直度要求像一根发丝那么细，通信信号系统要像“大脑”一样安全控制高速列车运行。以中国中铁、中国铁建、中铁通号公司为主力的60万筑路铁军，怀揣高铁梦想，瞄准世界一流水平，吃苦奉献，攻坚克难，风雨中一路走来，义无反顾地踏上了筑路高铁的艰苦征程。

筑路铁军 砥砺前行

每一条高铁建设都是一项宏大的系统工程。中国高铁建设工期比国外快，一般为3至5年。建设过程通常分为勘察设计、线路与桥梁隧道施工、无砟轨道、牵引供电和通信信号、站房建设、联调联试等6个环节，其中一些环节交叉施工。

每一条高铁建设都需要多部门多单位通力合作，协调作战。高铁建设主要涉及 5 大部门：建设部门（工程建设指挥部），代表铁道部作为业主，全面负责指挥协调工程建设；设计部门（五家铁道勘察设计院），负责工程前期勘察设计与施工服务；施工部门（中国中铁、中国铁建、中铁通号公司等），负责各专业工程施工；监理与咨询（路内外监理与咨询公司），协助业主进行监理与咨询；运营部门（各有关铁路局），重点在工程后期参与联调联试与工程验收，负责工程接收与运营准备。为建立竞争有序的铁路建设市场，建设中对勘察设计、施工与监理咨询实行招标投标，从优选择符合条件的路内外企业参与铁路建设。这 5 大部门合力实现“质量、安全、工期、投资、环保、稳定”6 大管理目标。

▶ 建立与完善中国高铁建设技术标准体系

俗话说：“无规矩不成方圆”。高铁建设必须遵循一定的技术标准，制定标准必须先行。技术标准既要具备先进性、可靠性，又要体现经济合理性；既要借鉴国外先进经验，又要结合中国实际。

2005 年，随着大规模客运专线建设的兴起，铁道部适时制定了《新建时速 200—250 公里客运专线铁路设计暂行规定》《客运专线无砟轨道设计指南》等主要技术标准，同时制定了桥、隧、站场及四电工程的新技术标准，使标准系列逐步配套。2007 年 3 月，借鉴国内外有关标准规定，吸纳了中国客运专线铁路设计咨询成果，铁道部又组织完成并发布了《新建时速 300—350 公里客运专线铁路设计暂行规定》。2009 年 12 月，结合京津、武广、郑西等高速铁路建设经验，编制发布了铁道部行业标准《高速铁路设计规范（试行）》，形成符合中国国情路情的中国高速铁路技术标准体系。

在大量理论、试验研究和高铁建设实践基础上，构建了比较完善的中国高速铁路工程建设标准体系。确定了不同速度等级高速铁路设计主要控制参数及标准，制定修订相关基础标准、通用标准与专用标准，形成了涉及高速铁路勘察、设计、施工、验收全过程的工程建设行业标准 152 项，为中国高铁建设提供基础性支撑。

系统掌握高铁设计成套技术

中国铁路行业拥有第一至第五铁道勘察设计院集团、中铁咨询、中铁上海设计院等 13 家设计院，员工总数约 2.6 万人。在高铁建设的勘察设计实践中，各设计院对高速铁路轨道、路基、桥梁、隧道、综合交通枢纽、精密测量等技术进行原始创新、集成创新和引进消化吸收再创新，着力将每条高铁打造成百年精品工程。

早在 1990 年，铁三院、铁四院就开始了京沪高铁的基础性研究工作。在勘察设计中，工程技术人员不断创新设计思路和方法，强化系统选线理念，综合运用地质选线、规划选线、环保选线和工程选线等方案，确保线路的短、顺、直和工程的经济性。他们以国际最高标准进行勘察测量，标准之高，连勘探点的布设密度都比普通铁路路基增加了近 5 倍。

在京沪高铁的勘测过程中，铁三院制订了全线统一的精密工程测量技术方案，形成了一个遍布京沪高铁沿线，集勘测设计、施工、运营维护“三网合一”的精密测量控制网，确保了无砟轨道、桥梁、隧道等工程施工在精准的控制下进行，为京沪高铁开通运营提供了有力保障。

中国铁道勘察设计院技术实力雄厚，拥有一批知名院士、勘察设计大师、专家与高级工程师，其勘察设计手段也令人惊叹。铁三院的三维可视化系统，不仅应用于铁路勘察设计，而且已辐射应用到工程施工、运营维护等领域。院里建有综合勘察、航测遥感、数字化、减振降噪 4 个国家分实验室和技术研发中心，为高铁勘察设计技术创新提供了坚实平台。

▶ 打造像机场跑道一样平顺稳定的线路

“基础不牢，地动山摇”。高铁列车运行速度可以达到飞机起飞前速度一样快，要求路基面“高平顺、高稳定”，确保列车高速、平稳、安全运行。路基填筑后就像任何建筑一样都会下沉，而高铁要求更高，路基工后沉降不得大于 15 毫米。

▶ 平顺稳定的高铁线路

中国幅员辽阔，地质复杂，自然气候多样。高速铁路要经过东部地区的软土松软土、南方地区的膨胀土、西南地区的岩溶、西北地区的湿陷性黄土、东北地区的冻土等复杂地质，还面临着最低零下 40℃、最高 47℃的气温条件，以及大风、海水、干旱等环境。在软土、松软土、黄土地上如何修建高速铁路？如何能经受住天寒地冻和雨水冲刷等恶劣气候考验，保证线路长期稳定安全？其难度世界少有，连高速铁路的原创国也极少遇到，只能靠中国铁路自己解决。

铁科院、铁道勘察设计院、工程局广大科技人员集中优势力量，开展联合攻关，群策群力制服路基下沉这只“拦路虎”。

▶ CFG 桩

京沪高铁沿线河道纵横、沟塘遍布，淤泥质软土像“嫩豆腐”一样缺乏承载力。如何让“嫩豆腐”撑得住硬钢轨，使路基在短时间内下沉量趋于稳定？京沪高铁公司组织专家与科技人员开展 CFG 桩等刚性桩复合地基试验研究。CFG 桩主要材料为碎石、粉煤灰、水泥。施工中在 CFG 桩顶设置了一层钢筋混凝土板或一张碎石和织物组成的柔性网，就像埋在土里的一条板凳，由许多腿（CFG 桩）支撑，一条条板凳拼起来支撑路基，下沉趋于稳定后再铺设轨道。这项自主创新的桩网复合地基技术，有效解决了深厚软土难题。

在高铁路基施工中，中国铁路攻克了地基处理、路基填筑、边坡防护、沉降变形观测评估等关键技术难题，研发了施工装备，形成了成套施工工艺。针对不同地质条件，选用了强夯、搅拌桩、旋喷桩、岩溶注浆、挤密桩、CFG 桩筏板复合地基等不同方法，相继解决了武广高铁岩溶、郑西高铁湿陷性黄土、哈大高铁防冻胀等技术难题，地面沉降得到有效控制。

▶ 炉火纯青的高铁桥梁建造技术

桥梁建造是高铁工程建设的重要组成部分，它代表了一个国家科学技术水平及综合国力。高铁桥梁必须有足够的强度、刚度、稳定性和耐久性，对桥梁各结构的变形严格控制。高铁无砟轨道桥梁要求沉降不得超过 20 毫米，相邻墩台沉降量差不得超过 5 毫米。

在中国高铁建设中，桥梁占线路总长达一半以上，有的达到 80%。而以往的普通铁路桥梁所占的比例通常不超过 10%。为什么中国高铁桥梁多？这是因为修建桥梁可以少占地，能有效解决铁路与道路交叉问题，桥梁基桩长便于有效控制沉降，于是在设计时采用了“以桥代路”的新思路。

中国高铁桥梁结构新颖，千姿百态，是科技发展的结晶。

京沪高铁丹阳昆山特大桥长度达 164.7 公里，为世界第一长桥。

▶ 郑州黄河公铁两用桥

京广高铁郑州黄河公铁两用桥，全长22.89公里，公铁合建部分全长9.17公里，是目前世界上最长的公铁两用桥。大桥采用上下层结构，上层为设计时速100公里的双向6车道公路，下层为设计时速350公里的高速铁路，创下世界特大型桥梁通行速度的新纪录。

中国高铁第一桥当属京沪高铁南京大胜关长江大桥。该桥于2006年7月开工建设，2011年1月通车运营，全长9.27公里，是京沪高铁、沪汉蓉（上海—成都）铁路和南京地铁共用的过江通道。它在桥梁史上创下“三大一高”的四项世界第一：

南京大胜关长江大桥主墩墩身施工

70吨变坡爬行吊机

南京大胜关大桥用Q420qE新型钢材制造的桥梁杆件

南京大胜关大桥支座最大反力18000吨

京沪高速铁路南京大胜关长江大桥

体量大。它是世界上首座6线铁路大桥。钢材总用量8.2万吨，相当于武汉长江大桥的4倍，一个桥墩的承台面积有7个篮球场大。

跨度大。这座巨大“m”型六跨连续钢桁拱桥主跨为336米，为世界同类级别跨度最大的高速铁路大桥。著名的德国南藤巴赫桥跨度仅为208米。

荷载大。主桥恒载加活载约每米120吨；桥梁每米载重35吨，相当于35车道的公路桥。支座最大反力达18000吨，是目前世界上设计荷载最大的高铁大桥。

速度高。大桥上京沪线的设计时速为300公里，为世界先进水平；沪汉蓉（上海—成都）线的设计时速为250公里；地铁的设计时速为 80 公里。三条双线铁路共一桥在世界上尚无先例，为中国高铁首创。

自主研发的 Q420qE 新一代桥梁结构钢，首创三片主桁与整体桥面板相结合的共同受力体系，无导向船重锚精确定位技术等新材料、新结构，使大胜关大桥成为创新的代名词。

国际桥梁与结构工程协会前主席、东京大学名誉教授伊藤学参观大胜关桥后表示，20 世纪二三十年代世界桥梁技术发展的焦点在美国，四五十年代在欧洲，七八十年代在日本，而今世界桥梁界的目光已聚焦中国。目前中国桥梁建设规模、技术水平特别是大跨径桥梁的建设水平已跃居世界前列。

2012 年 6 月 10 日，第 29 届国际桥梁大会在美国桥城匹兹堡

T 型刚构桥

▶ 上承式拱桥

▶ 中承式拱桥

▶ 下承式拱桥

▶ V 型刚构 - 拱组合桥

▶ 连续刚构桥

举行。中国京沪高铁南京大胜关长江大桥在会上被授予国际桥梁界影响最大的乔治·理查德森大奖。颁奖嘉宾盛赞该桥是“世界上独一无二的桥梁，是一项无与伦比的创举”。

承建该桥的中铁大桥局被誉为是中国桥梁建造的“王牌军”。新中国成立后，从武汉长江大桥到南京长江大桥，从九江长江大桥到芜湖长江大桥，从武汉天兴洲长江大桥到南京大胜关长江大桥，这六座里程碑大桥皆由中铁大桥局施工建造。

▶ 高铁隧道建设的新特点

俗话说：“逢山开路，遇水架桥。”20 世纪 50 年代中国修建鹰厦（鹰潭—厦门）铁路、宝成（宝鸡—成都）铁路时，面对武夷

隧道掘进机

山、秦岭等高山峻岭，受资金与技术水平影响，建设中尽量少打或不打长大隧道，选线依山傍水，沿山盘旋，线路标准低，曲线半径小，拐弯多，火车速度慢，运营中线路病害与边坡崩塌时有发生。

高速铁路隧道数量多，长度大。这是因为高铁要求“高平顺度”。如果“随山就势”小半径，线路弯曲不直，势必影响行车速度，因此高速铁路需要穿山越岭，修建顺直的山岭隧道。

高铁隧道标准高，隧道断面面积比普速铁路大得多。高速列车进入隧道时会产生压力波，在隧道中列车交会时的表面压力波会剧烈变动，使旅客耳膜压感不适，实测最大值 10 千帕。根据空气动力学效应研究，增加隧道断面可以降低会车压力波，满足旅客舒适度要求，还可减小列车和隧道壁受力，为此高铁隧道要求宽约 13 米，高达 9 米，其高度相当于 3 层楼，其净空断面达到 100 平方米左右。

针对复杂的地层条件，高铁隧道施工研制出了各种有针对性的施工方法：一类是用机械化程度较高的隧道掘进机法或盾构法，通过刀具切割岩体全断面整体向前推进；另一类是采用炸药爆破开挖施工的钻爆法、新奥法，先分部开挖，再将各开挖部分连起来。随着科技的进步，隧道掘进机、盾构机、多功能钻机、机械喷锚手、三臂凿岩台车等先进的大型机械设备在施工中大显神威，替代了传统的“打眼、放炮、出砟、进料”施工模式。

在建设实践中，中国铁路攻克了大断面黄土隧道、江河水下隧道、高压富水岩溶隧道等复杂地质条件下的隧道设计和施工技术难题，掌握了高铁隧道设计、风险防控、安全施工等成套技术，实现了长大复杂隧道的快速、安全施工，并成功建造了一批具有代表性的高铁隧道工程：

最长的高铁隧道——石太客运专线太行山隧道。全长 27.8 公里，最大埋深 445 米，设计为双洞单线隧道，两线间距离 35 米，于 2005 年开工，2009 年 4 月 1 日开通运营。隧道设置了运营通风和发生火灾时的防灾通风设施。

▶ 太行山隧道进口

最复杂的高

铁隧道——浏阳河隧道。京广高铁浏阳河隧道位于长沙市境内，长10.11公里，穿越城市、河流、高速公路。

浏阳河隧道进口

最密集的高铁隧道群——大瑶山隧道群。京广高铁大瑶山隧道群由大瑶山一、二、三号隧道组成，隧道长度分别为10.08公里、6.02公里、8.37公里，其中一、二号之间距离为167米，二、三号之间为47米，三座隧道均为双线隧道。隧道群设置了疏散定点、洞口消防、事故通风等设施。

中国第一座水下高铁隧道——狮子洋隧道。广深港客运专线狮子洋隧道全长10.49公里，其中盾构段长9.34公里，盾构内径9.8米。穿越珠江口狮子洋河段，水深流急，隧道水压高，地层渗透性大。中铁隧道局集团采用水底“地中对接、洞内解体”的盾构施工方法，为国内首创，展现了盾构施工的专业优势与技术实力。中铁隧道局被誉为国内隧道施工的“国家队”，其承建的水底隧道曾3次穿越长江，4次穿越珠江。

中国高铁的线路、桥梁、隧道，绚丽多姿，气度不凡，它托起飞驰的动车，创造了平稳舒适的旅行环境，展现了中国铁路建设大军精湛的技术与工艺。

无砟轨道与无缝钢轨

中国高铁的线路、桥梁、隧道，都铺设无砟轨道。这项技术的国产化，经历了一个艰辛的创新与研制过程。

铁路轨道由钢轨、扣件、轨枕、道床等组成，是火车行驶的基础。普通铁路为有砟轨道，道床采用枕木下面垫碎石，其优点是建设费用低、建设周期短，修复容易；缺点是随着列车速度提高，有砟轨道会不断出现轨道变形、道砟磨损粉化以及道砟飞散，导致线路维修频繁。

针对有砟轨道的缺点，伴随着高速铁路的兴起，无砟轨道应运而生。无砟轨道顾名思义即不用道砟，它是以混凝土或沥青混合料

京沪高速铁路无砟轨道施工

等取代道砟道床而组成的轨道结构，由于其轨道平顺性高、刚度匀性好、维修较少等特点，在日本、德国迅速发展。

中国高铁轨道究竟采用有砟还是无砟，内部曾有过激烈的争论。2004年中国曾试铺遂渝线（遂宁—重庆）无砟轨道试验段，取得了成功并积累了一定经验。决策中大家算了一笔账：有砟轨道建设中虽能省钱，但高速列车行驶中晃动剧烈，后期养护需大量投资；无砟轨道能保持列车的高平顺，高稳定，少维修，成本虽是有砟的1.5倍，但使用寿命达60年，运营省去的维修费，这个成本就回来了。中国铁路科学决策，最终决定高铁线路使用无砟轨道。

2006年，铁道部在引进国外无砟轨道技术的同时，组织路内外20多家科研、设计、施工单位开展“客运专线无砟轨道技术再创新”，共设立22个科研课题，围绕无砟轨道系统设计与施工中的轨道板生产（预制及打磨）、精确测量、水泥乳化沥青砂浆配制这三项核心技术进行攻关，创新与研发适合中国的无砟轨道技术。

无砟轨道

铁三院联合相关科研、施工单位和生产制造厂家，研制出了II型板式无砟轨道制造施工所需的三大软件，掌握了其成套建造维护技术。

无砟轨道看起来很简单，就是将钢轨铺在一个高强度混凝土板上。但其难点与核心技术在于轨道生产要求精确度极高，打磨精度为0.2毫米，轨道板从工厂预制到打磨，现场浇筑混凝土底座，精确定位铺设轨道板，通过灌注特殊配置的水泥砂浆将轨道板与底座黏合，最后用扣件将钢轨固定在轨道板上，每个环节都要求严格控制各部件的精确度和制造质量，形成平顺、稳定、安全、耐久的高速铁路无砟轨道。京沪高铁全线共计铺设了40.7万块Ⅱ型轨道板，为了保障高速列车平稳运行，每块轨道板都编有“身份证”，在工厂内预制时编号都对应特定的线路平面及高程信息。现场施工时根据每块板的“身份证”号，实现轨道板的精确铺设。

水泥乳化沥青砂浆将轨道板和下面的底座板黏结在一起，将把所有的误差最后消除掉，起到调整、支承、黏结、缓冲的作用，从而确保线路的平顺性。砂浆的作用大，但技术性能要求严，配制难度高。掌握这项技术的国外某公司开出了巨额使用费。“要修建中国高铁，必须先有中国自己的砂浆技术！”铁科院工程材料事业部主任、博士生导师谢永江带领创新团队立下了誓言。为寻找出最合适的配方，他们夜以继日地进行了1000多种乳化配方和砂浆配合比的优化改进试验以及现场灌注试验。

谢永江在武汉试验段试验时正值2008年盛夏。为得到第一手试验资料，老谢在烈日下和年轻人一待就是数天。一天深夜，老谢突然了解到汉口有试验用的材料，凌晨3点就迫不及待赶了过去。找到材料后，老谢和两个同事愣是把两吨重的材料一袋一袋背到车上，运回后立马开始试验。老谢和创新团队就是凭着这种科学加苦干的精神，研制出中国自己的水泥乳化沥青砂浆，成功铺设在神州

▶ 京沪高速铁路 CRTS Ⅱ 型轨道板打磨

▶ 京沪高速铁路轨道板精调作业

▶ 京沪高速铁路无砟轨道标准化作业

▶ 京沪高速铁路铺轨施工

数千公里的高铁线路上。

经过引进吸收消化再创新，中国已形成 4 种无砟轨道结构型式：CRTS Ⅰ型板式无砟轨道、Ⅱ型板式无砟轨道、双块式无砟轨道；2009 年中国铁路又研发出具有完全自主知识产权的 CRTS Ⅲ型板式无砟轨道，首创的轨道板与充填层复合结构为高速动车组快速、安全运行提供了稳定基础。

中国铁路还建立了高速铁路勘测设计、施工、运营维护“三网合一”的精密测量控制网，实现了无砟轨道工程化、规模化、标准

500 米长钢轨

化应用；研制了高速钢轨、扣件、道岔和钢轨伸缩调节器以及轨道施工成套装备，形成了具有中国特色的高铁无砟轨道设计、制造与施工成套技术。

中国高铁为无缝线路，即把钢轨焊接成没有缝隙的长轨条。以京沪高铁为例，1318 公里长的钢轨没有一个接缝。施工时首先将钢厂生产的 100 米定尺长钢轨焊接成 500 米，运到现场后焊接为 2 公里长，最后再将相邻 2 公里长钢轨焊联起来，形成无缝线路。

普通铁路主要采用标准长度为 25 米的钢轨，留有十几毫米的轨缝，以防止钢轨热胀冷缩。无缝线路采用能承受气温变化的高强度钢轨，并用高标准扣件锁定钢轨，避免钢轨热胀冷缩。高速列车走行在无缝线路的钢轨顶面，保证了行进的平顺，减少了对轨道部件的伤损，大幅减少了养护维修。无缝线路能节省 15% 的维修费用，延长 25% 的钢轨使用寿命，旅客乘车中不再有车轮通过钢轨缝隙时发出的“咔哒”噪声。

高铁建设对钢轨的安全性能、钢质纯净度、平直度等要求高，而国产钢轨由于生产设备和工艺落后，钢质不够洁净，平直度差，定尺长度仅 25 米，难以满足高铁高平顺的要求，与法国进口钢轨比较存在较大的差距。进口国外钢轨不仅价格贵，而且运输困难，怎么办？铁科院首席研究员周清跃急国家铁路建设之所急，2001 年他主持完成《秦沈客运专线综合试验段进口及国产钢轨试验研究》，提出了高铁钢轨自主研发的系统方案，得到了铁道部的大力支持。

周清跃率领创新团队双管齐下，历时 7 年，展开了一场国产高铁钢轨成套技术自主创新的攻坚战。他深入钢厂推进钢厂技术改造，采用精炼、精轧、精整、长尺化等现代化生产技术。在铁道与冶金行业共同努力下，攀钢于 2004 年 12 月生产出中国第一根百米定尺钢轨，鞍钢、包钢、武钢也相继完成技术改造，钢轨生产质量与设备工艺均达到国际先进水平。周清跃率领团队科研攻关，攻克钢轨焊接难题，优化了钢轨焊后热处理工艺，成功解决高铁钢轨的自主研发、生产及相关配套技术问题。

7 年攻关，中国高铁钢轨已步入世界先进行列。高铁建设全部使用具有完全自主知识产权的国产钢轨，大幅度节约了建设资金，与进口比节约近一半费用，按建设 1.6 万公里高铁计算，可节约资金 160 多亿元。2009 年高铁钢轨成套技术获国家科技进步二等奖。

为高铁安上充电器与精密大脑

在高铁线路两侧，人们常看到杆塔林立，电网如织，宛如一道绚丽的彩虹伸向远方。它就是为高铁动车组提供动力源的牵引供电系统。

传统的火车靠机车牵引，蒸汽机车“吃煤”，内燃机车“喝油”，电力机车用电。在高速铁路上跑的动车组，用的还是电，只不过动力不是集中在机车头上，而是分散在动车车厢里。煤和油可以装在车上随走随用，而电就没法储存在车上了，只能从沿途的输电设备上随用随取。铁路牵引供电系统被称为是动车组的“充电器”，没有它高速列车就“动”不起来。

动车组高速运行中，与铁路设备三点式接触：下部两个轮子与两根钢轨滚动接触，简称轮轨关系；上部受电弓与接触网导线摩擦接触，简称弓网关系。动车组就是通过受电弓从架设在线路上方的接触网导线上获得电能，一路跑一路“充电”。

高速动车组弓网受流

“弓网关系”是高铁工程建设的一项核心技术。动车组在每秒近 100 米高速运行状态下，列车受电弓与接触网导线必须始终保持顺滑密贴接触。一旦弓网瞬间分离“脱弓”，列车就会失去动力，同时在弓网之间出现闪弧火花，局部产生高温，损伤导线和动车上的受电弓，甚至会烧断导线，影响行车安全；接触网导线还必须耐受高速运行摩擦力、冲击力、抬升力、位移力引发的振动，保持“大编组动车双弓受流”条件下“弓网关系”正常。

国内外专家对此得出结论：高铁的最高速度最终受“弓网关系”制约，高速接触网导线也由此被称为“高铁皇冠上的明珠”。

接触网结构图

高铁对接触网导线性能有极高要求，既要有足够的强度，又要有很高的导电率。但在金属材料学中，强度和导电率恰恰是一对二律背反的矛盾——强度越高，导电性越差；导电性越高，强度越差。

在2006年之前，国内还没有一家企业能够自主生产这种高强高导接触网导线。经过搜寻，发现日本研制出一种性能良好的PSC导线。2006年初在进行技术谈判时，日方拒绝了中方希望引进这项技术的要求。

中国高铁发展又一次遭遇受制于人的瓶颈。中铁电气化局集团是中国电气化铁路建设的主力军，该局系统集成事业部总经理董安平，率领创新团队踏上攻关之路。在一次技术交流活动中，他们与浙江大学金属材料研究所所长孟亮教授相遇。孟教授说，中国航天

高速铁路牵引供电系统

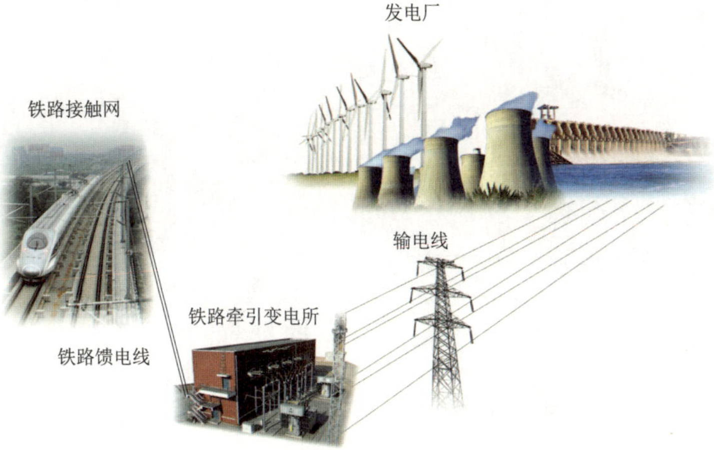

领域用过一种类似性能的新材料。电化设计院总工程师王立天迅速飞往浙江，在孟教授的实验室看到一小块样品。就是它！王总激动得眼泪都涌出来了。合资研发的提议一拍即合，很快合资的“北京赛尔克瑞特电工有限公司”在北京成立。

百折不挠的执着精神加科学方法的指引，经过连续攻关，中国自主研发的高强高导接触网导线终于诞生了！它具有高强度、高导电率的品质，综合性能已全面超越国际上锡铜和镁铜接触线，达到和超过 PSC 导线。

2009 年 4 月，高强高导接触网导线获得国家专利。经过武广、沪宁、京沪高铁的应用，该产品运行状态良好，技术性能完全满足时速 350 公里及以上高铁运行要求，达到了国际同类产品领先水平，填补了国内空白。

▶ 京沪高速铁路电气化架线作业

为了安装好这颗“明珠”，建设者创新施工工艺，实施“仪器化测量、软件化计算、工厂化预配、精确化安装”。施工人员组装牵引供电系统像组装飞机一样严谨精细，将上千万接触网部件精确安装到位。在导线架设和调整作业中，建设者像怀抱婴儿一样小心翼翼地呵护这颗“皇冠上的明珠”。京沪高铁数千锚段总计 4033 公里导线，架设后经测量仪实测，每米平直度均达到了 0.03—0.05 毫米以内，比 0.07 毫米直径的发丝还细，其精确度创造了中国乃至世界第一。

如果说牵引、供电是高速列车“充电器”，那么通信、信号则是指挥列车安全、高效、有序运行的“大脑”和“神经控制中枢”。在铁路工程建设中，通信、信号与牵引供电、电力供电 4 个系统简称为“四电系统”。

过去，人们曾形象地把传统铁路的通信信号比喻为“千里眼”“顺风耳”。如今，随着信息技术的广泛应用，高速铁路的通信信号特别是其列车运行控制系统，已经基本实现了数字化、网络化、

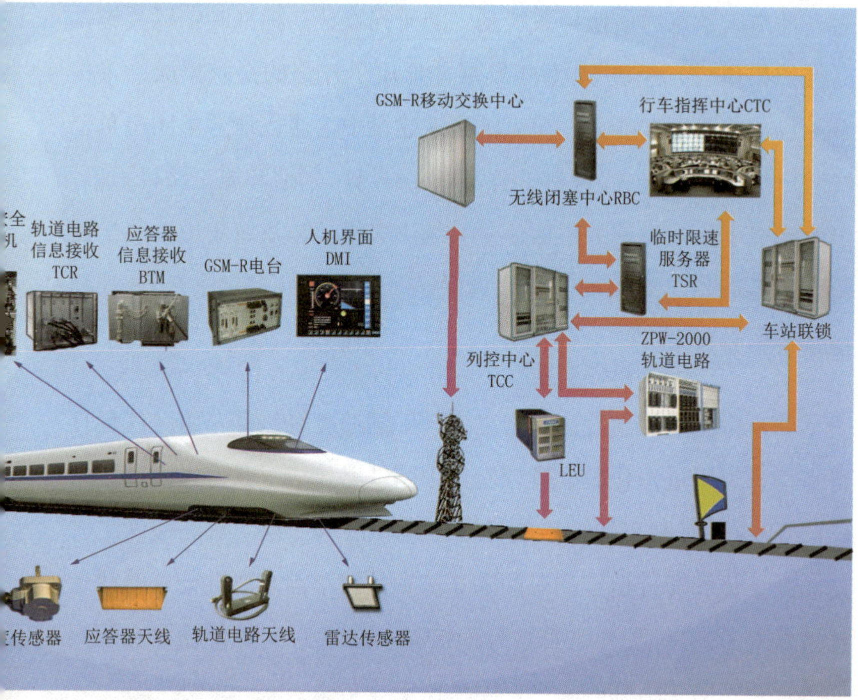

▶ 中国高速铁路列车运行控制系统（CTCS-3）

智能化和通信信号一体化，成为指挥控制列车运行的精密“大脑”。

京沪高铁采用了当代最先进的CTCS-3级列控系统。当一列高速行驶的动车组列车快速通过车站时，列车上GSM-R终端设备ATP实时向地面控制中心RBC发送列车位置、速度等信息，地面的控制中心RBC迅速把相关信息传递给下一列开来的列车，下一列列车对前方列车运行情况了如指掌，从而确保安全运行。而车上的终端设备ATP载有特殊的接收装备，列车通过时下面线路的固定信息则由安置在轨道边的电路和应答器传递给车上的ATP，车上设备据此进行安全操作。如果连续2个应答器没有应答，列车则自动停车。

中国铁路通信信号集团是从事轨道交通安全控制的专业化公

司，是中国铁路通信信号系统制式的研究设计、标准制定以及施工标准归口单位，经过 50 多年发展，形成了较强的系统集成、工程总承包与综合配套能力。在京沪高铁建设中，通信信号集团担负全线通信信号系统集成，调集了公司集成、设计、制造和施工精锐力量，出色完成了京沪高铁的通信信号系统集成设计、系统集成、科学试验、设备制造、施工安装和联调联试等工作，并提供了 CTCS-3 列控系统核心技术。

针对中国高铁速度高、密度大、不同速度等级动车组跨线运行特点，通过引进消化吸收再创新，中国铁路建成了具有世界先进水平的 CTCS-3 级列车运控系统标准体系和技术平台，它能够满足时速 350 公里和开行追踪列车间隔 3 分钟的控车需求，并能够跨线运行兼容 CTCS-2，通过地面与列车控制信息双向实时传输，实现列车运行超速防护、临时限速、闭环控制等功能。

现代化车站 城市新地标

乘坐京沪高铁，从北京南、天津西、济南西到南京南、苏州北、上海虹桥站，24 座风格各异、绚丽多姿的现代化车站，像一颗颗耀眼的明珠和宝石，串成了 1318 公里的京沪高铁珠链。这一座座车站宽敞明亮，方便旅客候车休息，转车换乘，而且一站一景，富有人文色彩，令人赏心悦目，成为沿线 24 座城市的新名片、新地标。

▶ 南京南站斗拱结构

建设现代化精品车站，设计是关键。尽管铁路设计院拥有站房设计的丰富经验与实力，但中国铁路坚持开放，追求一流，广泛吸纳国内国外的顶尖建筑师参与站房设计。2005 年铁道部组织召开了站房设计推介会，铁路车站设计逐渐由国内转向世界公开招标，不仅吸引了国内北京、上海、中南等有影响力的建筑设计院参与，而且法国 AREP 公司、韩国株式三安等世界级设计公司也承担了中国铁路大型站房设计，引进了世界最新设计理念和成功经验，采用了许多现代建筑成果。

以人为本，服务旅客。新建的高铁车站注重“以人为本，以流为主”，由过去便于客运管理转变为便于服务旅客，从车站总体规划到细部设计，尽力为旅客提供方便、舒适的乘车环境，快捷、便

上海虹桥高铁站交通换乘指示牌

利的换乘条件和人性化的优质服务。采用大跨度屋面结构，高架候车厅宽敞明亮，内流线清晰通畅，把站前广场、站房和站场作为一个整体，用立体建造手法将其他各种交通融入这一整体，最大限度地缩短旅客在站内及换乘的行走距离。

北京南站候车室

北京南站由铁三院、北京市建筑设计研究院等设计，建筑形态为椭圆形车站，主体为钢结构；在设计理念上借鉴天坛的建筑元素，将天坛的顶层演化为中央屋盖，将天坛的二、三层分别演化为站房两侧跌落式的雨棚；主站房为双曲穹顶，最高点40米，古典庄严大气。车站共五层，由地上两层、地下三层以及高架环形车道组成。高架桥通行出租车和社会车辆，旅客进站可直接进入高架候车大厅。地上二层为高架候车层，是旅客进站层，其中央为独立的候车室，东西两侧是进站大厅，自北向南依次为各候车区。大厅的四个角设有售票处，车站共设置了84台窗口售票机和39台自动售票机，检票进站也全部由自动验票系统控制。地面层为站台层，通行公交车辆，供旅客进站。地下一层是换乘大厅、停车场以及旅客出站系统；地下二层是北京地铁4号线；地下三层是北京地铁14号线。车站铁路与城市地铁、公交、出租车等交通工具紧密衔接，采用“上进下出”与“下进上出”相结合的立体流线模式，方便旅客进出站候车，实现“零换乘”。

文化风韵，地域特色。有文化的建筑才是真正的有生命的建筑。高铁车站追求“形神兼备，和而不同”，力求车站的交通功能、时

▶ 曲阜东站孔子像

天津西站高大明亮的屋盖

代特征、人文特征与地域文化的完美结合。建设中注重建筑形式与当地地理气候特征相适应，与地形地貌相协调，与城市人文景观和著名建筑相辉映，借鉴和融进中国文化元素，满足人们对美的欣赏。

高铁车站建设注重融历史于当今，汇文化于土木，把地方文化、园林艺术纳入车站建筑中，蕴含中华文明的深厚底蕴，展现出现代建筑艺术的精华和能工巧匠的精湛工艺。位于孔子故里的曲阜东站，从整体造型到细节设计都凸显了“圣地”风韵。站房正面，浅灰色的石材幕墙和通透的玻璃幕墙上遍刻篆体的“礼、乐、射、御、书、数”六艺群雕，古雅厚重。站房里面，白天自然光线透过玻璃屋顶进入室内，夜间候车室的玻璃屋顶可发光，蕴含“金光耀圣城”之意。站房前的孔子广场开阔大气，每个灯柱上都有《论语》中的名句，步行道两边还设立刻着纪念孔子事迹的石碑。车站厚重古朴的建筑与曲阜儒家文化有机融合，表达出天人合一的境界。

在满足功能性的基础上，不同的设计风格、建筑结构让各个高铁车站都拥有不可替代的独特性。天津西站的设计灵感来源于“环渤海明珠”，无论是外面的日出造型，还是大面积的玻璃幕墙，或是内部编织状穹顶，都好似太阳的光辉绚丽耀眼，设计师将站房昵称为“光辉”。哈大高铁大连北站以一块“被海水雕琢的巨石”为建筑形态创意，体现出大连市“刚柔相济”的特征。

绿色环保，注重效益。高铁车站作为绿色经济的良好载体与推动力，设计中遵循了节能、环保的绿色理念，并且通过大量新材料、新技术、新工艺得以实现。高铁车站广泛采用太阳能发电、地源热泵等节能技术，不仅不消耗煤、石油、天然气等能源，而且不排放废气、废水、废渣，真正实现了节能环保。有“绿色车站”之称的南京南站，站房屋顶上有全球最大的建筑一体化太阳能光伏电站，25 年可发电 2.28 亿千瓦时，相当于节约原煤 8.5 万余吨，有力补充了站房的动力、照明用电。天津西站的玻璃幕墙使用了新型玻璃，

上海虹桥高铁站屋顶太阳能

火车在站房中跑

“透光不透热”的特性减少了站房内的照明耗能，还保证了冬暖夏凉。

京沪、京广等高铁沿线人口稠密，土地资源紧缺。为充分利用有限的土地资源，设计人员采用“桥建合一”的高架结构，设置桥式站房，如天津南站、无锡东站、苏州站等将站房及相关设备用房放在桥下，形成“在站房中跑火车”的景观，不仅减少了线下工程占地，省去了站房占地，而且能较好地满足建筑使用空间的要求，车站整体刚度好，抗震性能高。

高铁车站建设注重质量与安全，合理把握车站规模及建设内容与标准，注重近远期结合，综合考虑建设投资与运营费用。建设中特别注重结构安全，把建筑物安全等级由二级提高到一级，设计使用寿命由 50 年提高为 100 年。

高铁车站大多选择在远离市中心的地方重建，如济南西站、南京南站距市中心 10 公里，苏州北站距市中心 12 公里。这是铁路充分考虑地方政府意见后决定的。一方面因为城市既有火车站周围已经成为当地的商业中心，如果把高铁建在城区，不但影响既有线路运输，还面临在市区大规模征地拆迁等困难。另一方面，地方政府都希望将高铁客站建设与城市规划结合起来，扩大高铁优势的辐射范围。

如何让旅客在高铁进出站和换乘时走最短的路，实现最快的换乘？高铁车站的设计建造首先力求体现“垂直换乘”的理念。以北京南站、天津西站、济南西站、南京南站和上海虹桥站 5 个京沪高铁始发站为代表的大型高铁客站，都集聚了多种交通方式，最大限度地为旅客提供便利。南京南站连接 4 条高等级铁路，是高速铁路、城际铁路、公路长途客运、城市轨道和公交系统紧密衔接的立体式现代化客运中心。它充分体现了高效、集约、人性化的特点，旅客无论换乘哪种交通工具，都不需要走出站房。

从享有“东方莫斯科”之称的哈尔滨到南国花城广州，从中国首都北京到“东方明珠”上海，哈尔滨西站、广州南站、北京南站、上海虹桥站等这一座座现代化高铁车站，已成为铁路服务旅客的新窗口，成为城市的新名片、新地标，展示了当代中国的新风貌。

联调联试与系统集成

高速铁路建设是一项超大规模而又复杂的系统工程。为保证高速列车安全、高速、平稳运行，高铁工程竣工后，要对各系统性能进行严格的检测与调整，要对系统集成进行试验与优化，确保整体性能达到设计目标。这就好比一艘新建的航空母舰，需要出港海试，层层把关，达到使用要求后方可正式服役。联调联试是高铁开通运营前的技术准备，是高铁建设的重要组成部分。

这是一支以科技之力确保高铁安全开通的“特种部队”。来自中国铁道科学研究院各专业的科研人员，采用自主研制的高速综合检测列车和相关检测设备，运用动态检测、计算机处理等高新技术，对建成开通前的各条高速铁路开展联调联试和运行试验，使高铁各

▶ 自主研发的 0 号高速综合检测列车

系统和整体系统性能达到设计要求。他们以自主创新的试验方法、手段和数据分析处理，提升了中国高铁的系统集成能力。

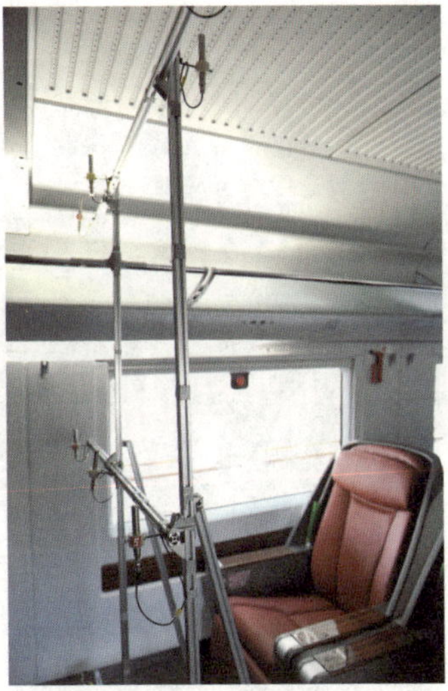
车内噪声测试

在第六次大提速中，铁科院检测人员主要采用轨检车检测线路质量状态，用电务检测车检测通信信号状况。能否研制开发出一种高速综合检测列车，集轨道、弓网、通信信号检测于一车呢？2007 年 3 月由铁科院集成研发、南车四方股份改装的10号中国铁路第一列高速综合检测列车问世，时速250公里，先后承担了京津、石太等十多条高铁联调联试。

2008 年中国高铁迎来了联调联试的开局年。开局之作是京津城际，这是世界上第一条时速 350 公里的高铁。走过“十年提速路”的铁科院副院长康熊曾把为中国高铁上马的漫长准备阶段称为“十年磨一剑”。现在，这把宝剑到了铸成出炉、扬眉

电磁辐射测试

信号系统测试

出鞘的时候了！

从2008年2月至7月，铁科院作为联调联试技术总负责单位，开展了长达5个月的联调联试和1个月的运行试验。铁科院编制了详细而明确的周计划、日计划，坚持周协调会、周例会与日交班会制度。联调联试采用高速综合检测列车与地面检测设备相结合，对轨道、路基、桥梁、隧道、接触网、供变电、通信、信号、运营调度、客运服务、防灾、振动噪声等各子系统进行测试和调试，一次次在线路上以不同速度等级进行往返运行，对各系统状态和系统间匹配关系进行反复检测、调试、验证，确保各子系统的功能和整体系统功能达到最优。

高铁联调联试，仅靠一列10号检测车是不够的。铁科院未雨绸缪，与制造厂一起提前自主研发0号高速综合检测列车，于2008年6月7日正式出厂，时速为250公里。10号与0号高速检测列车大展神威，对线路轨道、接触网、通信信号等进行实时检测和数据分析处理，确保了京津城际铁路2008年8月1日如期通车。

这年，铁科院与制造厂一起还相继成功开发出设计时速350公里的61号、68号高速综合检测列车。至此，中国铁路已拥有四列高速综合检测列车。

2009年是中国高铁联调联试的攻坚年。铁科院相继对合武、石太、甬台温、温福、武广五条高铁进行联调联试，线路多，难度大，其压轴大戏是武广高铁。

武广高铁全长1079公里，设计时速350公里，全线共有隧道226座，约占线路总长的19%。铁科院在联调联试中增加了隧道内高速列车空气动力学和气动效应两项实验内容，遭到外聘专家组一

▶ 2008年初，合宁高铁地面测试人员顶风冒雪，趴跪在线路旁进行轨道动力学参数标定

▶ 接触网几何参数测试

位外国专家的质疑。他根据国外数据，断言隧道内行车时速不能超过 250 公里。的确，隧道内行车时速 350 公里试验在世界上从来没有过，但是否可行应通过试验来测定！铁科院团队组织大家进行隧道内交会运行试验，从时速 200、250 公里，逐级提高到 300、330 直至 350 公里，每一级速度均试验三次，经过几十次试验，证明了国产动车组在隧道内交会运行完全能够达到设计时速 350 公里，创造了隧道内行车时速的世界新纪录。

在武广高铁联调联试与运行试验期间，铁科院采用 0 号、61 号、68 号高速综合检测列车，开行 400 余列次，累计检测 12 万余公里；试验动车组累计开行 2000 余列次，试验里程累计 100 万余公里，相当于绕地球赤道 25 圈有余。

2010 年是联调联试的开拓年。这年，铁科院相继完成了郑西（郑州—西安）、成都至都江堰、福厦（福州—厦门）、昌九城际（南昌—九江）、沪宁（上海—南京）、沪杭（上海—杭州）、海南东环七条高速铁路的联调联试，其中设计时速 350 公里的高铁就有三条，超过前两年的总和。

36 岁的“少帅”俞翰斌在这年先后主持了郑西、昌九、海南东环三条高铁联调联试。他抓住气候特点形象地说：“郑西冷，昌九热，海南两轮大暴雨。”

郑西冷。郑西高铁联调联试时正值2009年小寒、大寒节气，豫西连降大雪，上百名地面检测人员迎风冒雪，坚守在线路两侧参试。

昌九热。南昌是有名的“火炉”，昌九城际联调联试又赶上七八月份的三伏天，钢轨上放鸡蛋都能烫熟。检测人员冒着40摄氏度的高温，在烈日下进行地面测试，汗下如雨，衣服一会儿就湿透了。

▶ 接触网试验

海南两轮大暴雨。海南东环铁路从海口至三亚，全长308公里。铁科院100多名参试人员放弃国庆七天的休假，跨海运来各项检测设备，从10月5日起冒雨在沿线部署36个地面检测点，展开测试。

2010年11月下旬，铁科院同时组织4支队伍，分赴京沪高铁先导段、长吉（长春—吉林）、广珠（广州—珠海）城际高铁与太中银（太原—中卫—银川）铁路，开展联调联试与检测试验。

在中国高铁建设中，最引人瞩目的当属京沪高速铁路。它全长1318公里，设计时速350

公里，是世界上建设规模最大、一次建成里程最长的高速铁路。

2011 年，铁科院团队迎来了期盼已久的京沪决战年。

在决战京沪中，铁科人经过为期半年的联调联试，开行试验列车 4000 余次，累计试验里程 60 余万公里；开行高速列车 1500 多列次，运行试验总里程达 200 万公里。

在决战京沪中，他们共完成对轨道、接触网、列控系统等 17 大类、600 多个子项、6000 多个参数项测试，全面检验和验证了中国高速铁路系统技术，开创了高铁联调联试多项第一，建立了具有中国特色的高铁联调联试及运行试验技术体系。

一流的联调联试需要一流的装备。在决战京沪的关键时刻，由

检票闸机试验

▶ 旅客引导信息系统测试

铁科院与南车四方股份、北车唐山公司联手研制的 001 号、002 号新一代高速综合检测列车，于 2011 年春相继投入京沪高铁联调联试中，设计时速高达 400 公里。铁科院团队由此如虎添翼。

2011 年 6 月 30 日，京沪高铁正式运营。从首都北京到东海之滨上海，只需 5 小时。

决战京沪大捷之后，2012 年联调联试迎来了丰收年。这年，铁科院团队北攻哈大，12 月 1 日哈大高铁全线开通，为振兴东北老工业基地再添新通道；中贯京广，12 月 26 日京广高铁全线开通，把北京与广州 2298 公里的时空距离浓缩在陆上交通 8 小时以内。

在联调联试实践中，铁科院提出八字方针：系统集成，综合创新。高速铁路是复杂系统、高新技术的集成，联调联试是对中国高铁系统集成效果的全面检验，铁科院从系统集成入手，实现综合创新。

综合创新，是实现系统集成的必由之路，是对“原始创新、集成创新和引进消化吸收再创新”的整合与集成。联调联试要对高铁各子系统功能、整体运行性能进行验证、调整与优化，仅靠某一专业的创新是不够的，而是要吸收融合中外最新科研成果，汇集各专业优势，实现综合创新。它表达了中国铁路在联调联试中的一种挑战精神和科学方法。

铁科院不断创新与完善联调联试方法、手段与装备，采用移动检测设备与地面测试设备相结合、室内试验与现场试验相结合、仿真与在线实验相结合的手段，采用先进的测试技术和数字化、网络化测试系统，利用高速综合检测列车、实验动车组等先进的移动测试装备，以不同的速度对线路等基础设施进行检验、验证。

铁科院研究员杨宜谦介绍说，2008 年在合宁（合肥—南京）与京津城际联调联试时，地面测试点靠有线传输，100 多名参试人员在轨道旁搭建工棚，现在采用无线传输，轮轨检测 1 秒钟能测出 4000 个数据；过去地面测试设备供电在工棚旁安上发动机，牵电线，现在采用蓄电池，省事多了；过去地面测试人员工作在工棚，冬天冷，夏天热，蚊虫咬，现在可以在汽车或驻地读取数据……人员少了，环境好了，效率高了。

高速综合检测列车是联调联试的重要装备。目前世界上只有少数几个国家掌握其研制技术，法国的高速检测列车时速为 320 公里，曾是世界上最高速度；日本检测车俗称“黄医生”，时速为275公里。中国铁路自主研发的61号、68号高速检测列车，时速达到350公里；2011年春研发投产的001号、002号新一代高速检测列车，时速达到400公里，标志中国高铁检测技术站在了世界发展前沿。

“系统集成，综合创新”八字方针，为中国铁路赶超世界高铁先进水平确立方向，为在联调联试中突破京津、速取沪宁、决战京沪、中贯京广设定标准，提供动力。多年来探索、创新、跨越，中国铁路创建了具有本国特色的高铁联调联试及运行试验技术体系，实现了理念创新、测试方法与装备创新、调整优化创新、组织管理创新。

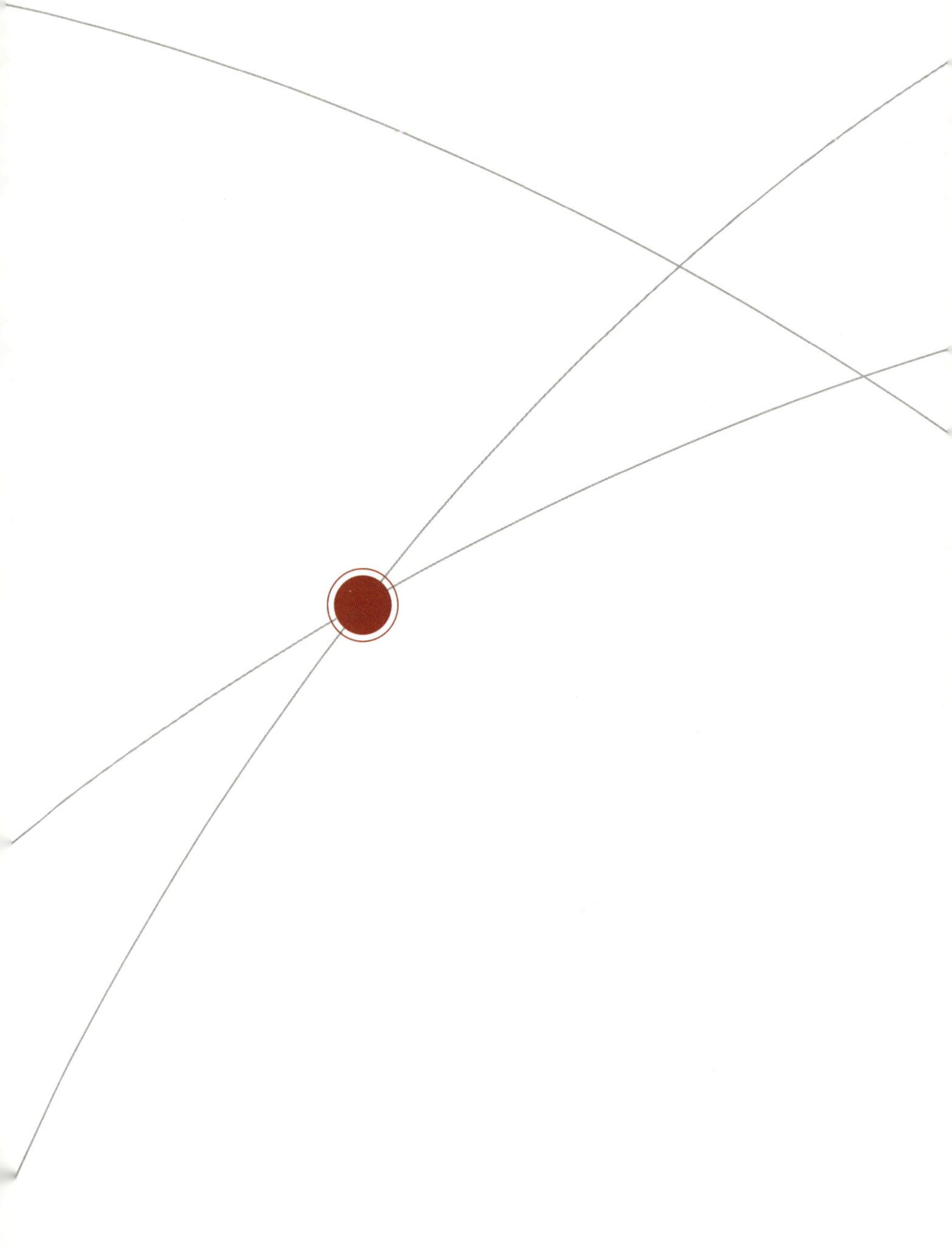

5

运营新风扑面来

与世界其他国家高速铁路相比，中国高速铁路具有数量多、里程长、跨度大、不同速度等级并存、技术装备制式多样、骨干网与城际网相互融合、高速网与普速网衔接紧密等特点。其运输组织、客运服务、安全管理等要比其他国家更为复杂，难度也更大。

如何管好用好高速铁路，实现有序开行、安全可靠、方便旅客？自 2008 年 8 月 1 日京津城际运营以来，中国铁路历经 5 年的积极探索与实践，逐步建立完善运输组织、客运服务、安全管理等运营管理成套技术和运行机制，大力弘扬“安全优质、兴路强国”的新时期铁路精神，初步形成了具有中国特色的高速铁路运营管理模式。

安全第一 旅客至上

“安全是铁路的‘饭碗工程’，服务是铁路的本质属性”，这两句名言在中国铁路的 200 万运营职工中已深入人心。安全与服务是铁路的核心工作，这两句名言生动诠释了高铁运营“以人为本”“旅客至上”的理念，反映了中国铁路员工的价值取向、职业准则与道德追求。

科学严密的高铁安全管理。高速铁路由于在全封闭环境中运行，从设计施工到运营维护都有一整套科学完善的安全保障系统，其安全程度是可靠的。目前世界上运营的高速铁路均保持着很高的安全系数。

2010 年 12 月，在北京举行的世界高铁大会高峰论坛上，欧盟委员会陆路交通主任帕斯卡莱利强调，时速达到或超过 300 公里的高速列车安全运行必须要依靠科技创新来保障，而且科技创新必须贯穿整个高铁系统。

高铁安全从源头治理抓起。工程建设中勘察、设计、施工、验收等各个环节都执行严格的质量控制措施和监理审查制度，贯彻终身负责制。线路开通前进行联调联试及运行试验，实施安全评估。动车组实行生产资质管理和设计型号合格证管理、整机及部件出厂验收合格证制度。

开行“体检”列车为高铁安全护航。在开通运营的高铁线路上每 10 天就要开行高速综合检测列车，运用高科技的装备与手段，对列车运行品质及轨道线路、牵引供电、通信信号等基础设施状态进行检测与评价，全面“体检”，查找安全隐患与病害。承担这项重要任务的是铁科院高速综合检测列车科研团队，他们每日将检测发现的问题即时报告运输局和相关铁路局，以及时整治维修，消除安全隐患。每天早上在正式列车开行之前，双向开行不载旅客的确认车对线路进行安全检查确认。为确保白天运营，按照“白天行车、夜间检修”原则，在每天 0—6 点之间安排检修。

对动车组实施系统检修。根据动车组设计、制造和运用特点，按照预防修为主的原则，制定了一至五级修程修制；以动车检修基地为中心，以动车运用所为支撑，建设全覆盖动车组检修网。在开行的动车组列车上均配有随车“医生”（机械师），他们每天陪伴

中国铁路总公司调度指挥中心

着旅客在列车上跨过大江南北，护送着一列列“陆地航班”平安抵达目的地。地勤机械师负责列车的库内检修，运用各种精密设备和仪器，不放过任何一处轻微的裂纹或松动的螺栓，将一列列状态优良的列车交给随车机械师。

以防范火灾、雨雪冰冻、大风大雾、地质变化和异物侵限为重点，健全高铁防灾安全监控系统。强化高铁应急管理，分层建立应急救援指挥机构，调度指挥采用调度集中系统（CTC），在灾害天气、设备故障、线路障碍、运行晚点等非正常情况下及时启动应急预案，如限速运行、停运等，确保高铁行车安全。

提升高速铁路人员素质。被称为中国高铁司机“第一人”的北京机务段动车组运用车间副主任李东晓，曾创造“东晓高铁安全值乘作业法”，成为京津城际动车组司机的驾驶宝典。他主抓高铁司机培训工作以来，培养了一大批优秀高铁司机，达到全员故障处理一手精、规章制度一口清和“安全一事不出，正点一秒不晚，对标一厘不差，平稳一丝不晃”的“一”标准。为确保高铁动车组列车安全正点、平稳舒适，对高铁调度员、动车组司机、动车组机械师以及设备维护人员等主要行车工种人员和专业技术人员，实行严格的准入管理，持证上岗，加强实作培训，打造一支责任意识强、技术业务精、管理水平高的职工队伍。

司机驾驶高速动车组运行

实施科学严密的高铁安全管理，中国高铁已形成了动车组列车在线监测，线路设备实时检测，设备运用信息实时传输分析以及养护维修、防灾救援为一体的安全管理体系，有效保障了高铁运营安全可靠。

高密度、大容量、规则化的高铁运输组织。高速铁路实行铁路总公司、铁路局两级调度指挥，中国铁路总公司统一协调指挥全路高速铁路列车运行，铁路局承担管辖范围内高速铁路调度指挥。高铁施行调度集中系统（CTC）信息化管理，实现运行图调整、进路自动控制、车次号自动追踪等功能，并与列控系统、运营调度管理系统接口，完成信息交换，严格按运行图组织行车，高密度运行，列车运行时间以秒计算，为确保行车安全和运行秩序提供技术支持。

如何科学有序地安排高铁列车开行计划，是高铁运输组织中的重点与难点。中国高铁坚持“安全第一，旅客至上”的理念，正确处理速度、质量、效益与安全的关系，在确保高铁安全的前提下，充分发挥高铁优势，优化列车开行方案，强化运输调度指挥，努力

无线调度通信示意图

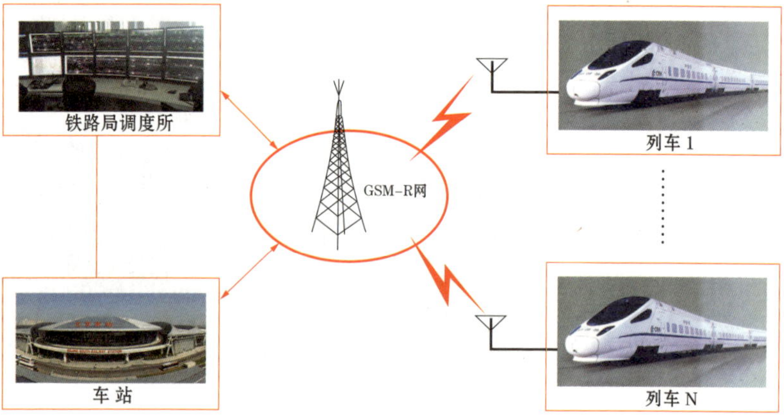

满足广大旅客的出行需求。

统筹规划，分号实施。根据路网结构、线路能力、动车组数量以及客流需求，统筹动车和客车、新线和既有线、高速铁路和普速铁路开行方案，集中铺画基本列车运行图，实现路网能力利用最大化。在基本列车运行图基础上分号实施，采用动态运行图，根据客流变化实行高峰、周末和平时分号运行图。

合理匹配，跨线运行。统筹考虑路网效益，最大限度扩展高铁服务辐射范围。实行不同速度等级混合运行模式，在时速 300 公里的高铁上，同时开行时速 300 公里和时速 200—250 公里两种动车组列车，执行两种票价；在时速 200 公里的线路上，同时开行时速 200 公里动车组列车和时速 120—160 公里普通客车；在时速 300 公里、时速 200 公里线路和既有线间开行跨线列车，增强动车组运

列车运行控制系统设备组成示意图

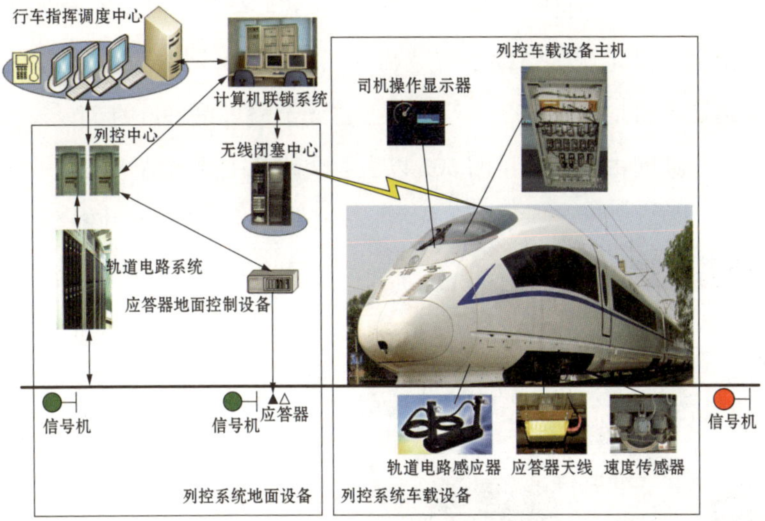

用的经济性。

逐步递增，密集开行。根据客流需求增长趋势，分阶段增加开行对数，优化开行方案。在客流密集地区和时段，大量开行本线高速列车，区间实现最小 3 分钟追踪。武广、京沪、沪宁等点对点客流量较大的线路上，安排整点开行直达列车，实现公交化运营。

方便舒适快捷的高铁客运服务。通过技术创新和多年建设、运营，中国高铁已逐步形成了平稳舒适、安全可靠、运能充足、节能环保、多层覆盖、方便旅客的特点和优势。中国高铁把“以服务为宗旨，待旅客如亲人”作为服务理念，大力提升高铁客运服务质量，确保旅客“安全出行、方便出行、温馨出行”，让广大旅客如沐春风，共享高铁发展成果。

售票服务多样化。过去火车“一票难求”，人们常为买票而排长队。随着高铁发展运能提升，铁路全面推行互联网售票、电话订票、手机售票、自助售票等多种售票方式。高铁站内设置自助售、取票机，满足旅客自助购取票需求。2013年，铁路互联网售票和电话订票日均达到192.9万张，已占到全路售票总量的31.8%；春运高峰期间占售票总量的50%以上。全路各主要车站均安装了POS机，提供电子支付银行卡购票服务；京沪、京津、沪杭、沪宁等多条高速铁路车站实现了电子客票一条龙服务，旅客在网上购票后，直接持二代身份证过闸机检票上车。

北京铁路客户服务中心

客服组织一体化。车站建立旅客服务系统，以信息自动采集为基础，以集成管理平台为核心，实现车站客运广播、自动检票、导向揭示、视频监控、自助查询和求助等业务的集中整合和协调联动，为旅客提供多方面的服务。动车组实行列车长、司机、随车机械师、乘警、餐售人员、保洁人员“六乘一体”乘务管理制度，建立旅客服务列车长负责制和“六乘”协调联动配合机制。

旅客换乘便捷化。按照“零距离换乘”理念，打造现代化客运枢纽和旅客中转换乘中心，铁路客站与城市公交系统甚至机场融为一体，使旅客在站内方便顺畅换乘铁路、地铁、公共汽车。采用明确清晰、快捷通畅、互不干扰的流线设计，建立先进的引导标识系

▶ 餐车

▶ 信息显示屏

▶ 车厢内座椅

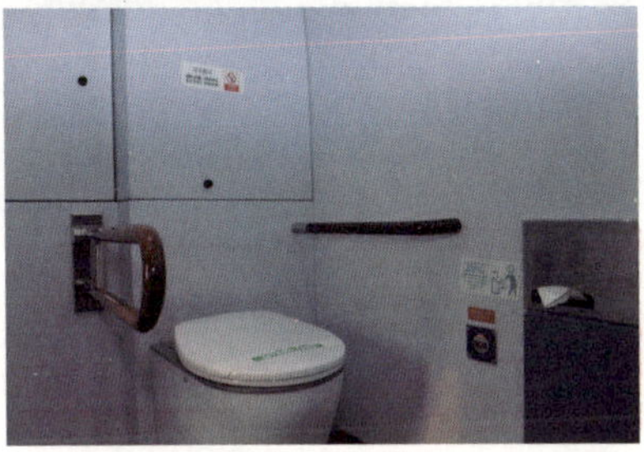
▶ 无障碍洗手间

统和自助服务系统，方便旅客进出站和换乘。北京南、上海虹桥、南京南等大型高铁站实现了与地方交通的无缝对接，减少换乘的行走距离，旅客无须出站便能直达地铁、公交车站中转换乘。

乘车环境舒适化。高铁车站和高速列车的内部设计时尚、宽敞明亮；信息服务、餐饮服务、行李存放服务、无障碍服务等功能设施齐全且各功能区布置合理，为旅客候车与乘车提供舒适方便的环境。动车组车厢设有全自动恒温空调系统；座椅全部为软座，大部分座椅可以调节斜度，并能旋转掉头；设置有航空式餐饮设施、残疾人卫生间、轮椅存放区、婴儿护理桌等，满足不同旅客需要；卫生间内有感应式水龙头、温水供应，采用密闭式环保集便装置。温馨、宁静、和谐的旅行环境，悄然冲刷着昔日站车上的“脏、乱、差”，加速铁路形象嬗变，让乘客享受到更舒适的服务。

“有钱没钱，回家过年”，是中华民族的一大习俗，它构筑了当今世界上最大规模的、周期性的人口大迁徙运动——中国春运。每年春运，面对人山人海的排队购票，大包小包、摩肩接踵的拥挤上车，铁路部门都承受着极大的压力和挑战。随着京沪、京广等30多条高铁开通，延续了近30年的“拥挤、混乱、缓慢”的铁路春运形象开始淡出人们的视野，逐步取而代之的是“快速、安全、舒适”的新形象。如今，乘高铁从容而体面地回家过年已成了一种时尚。一年又一年，不变的是人们对春节、对团聚的期盼，而悄然改变的，是像动车般飞速前进的美好生活。

中国高铁走出国门

快速发展的中国高铁在世界上引起广泛关注。近年来，来自美国、俄罗斯、德国、南非、西班牙等数十个国家政要、国际组织代表、世界铁路同行和境外记者等，乘坐高速列车考察了中国高铁。

美国总统奥巴马在2009年度国情咨文中声称：“美国修建了历史上第一次铁路网和高速公路网，我们没有理由听任欧洲和中国拥有最快的铁路。”

十年高铁科研试验和技术储备，十年大规模高铁建设与运营，中国铁路经二十年艰苦磨砺，系统掌握了高速铁路工程建造、高速动车组、列车控制、牵引供电、运营管理、安全风险防控、系统集

2011年8月10日，中国第一列出口欧洲的新型轻轨列车在南车株洲电力机车有限公司下线

成等关键技术，成为世界上仅有的几个具备从勘测、设计到建设和运营管理，全面掌握高铁完整技术的国家之一，具备了走出国门的实力与优势。

2013年10月6日，国家主席习近平在印度尼西亚的巴厘岛会见泰国总理英拉时强调，高铁和水利设施建设关乎地区互联互通和泰国的国计民生，应该作为合作中的重中之重来推动，使其成为中泰友好的标志性工程。

2013年10月12日，国务院总理李克强与泰国总理英拉在曼谷诗丽吉会展中心共同出席中国高铁展开幕式。李克强对英拉说，中国高铁技术先进，安全可靠，成本具有竞争优势。英拉向李克强介绍了泰国高铁建设规划和在地区互联互通中的地位。这次访泰，

2013 年 11 月 29 日，飞机装运由中国北车唐车公司研制的“祥龙号”现代有轨电车，启运飞往土耳其

中泰两国签署《关于深化铁路合作的谅解备忘录》。

在“10+1”峰会上，李克强总理提到了可以作为中国—东盟合作“旗舰项目”的泛亚铁路。这条连接中国西南部与东南亚的高铁“黄金走廊”，其中线途经老挝、泰国东北线，向南延伸经过马来西亚，最终抵达新加坡。老挝国会已经通过了与中国合作修建高铁的计划。

2012 年中国与东盟的贸易额已达到 4000 亿美元的水平，要在 2020 年达到 1 万亿美元的目标，对完善基础设施、实现互联互通提出了更高的要求。高铁所代表的“中国速度”，将为区域经济一体化注入新的动力。

中国与各国签订了一系列铁路方面的合作协议，包括中国企业投资 15 亿美元，参与印尼首都雅加达 30 公里的单轨铁路建设等。

2013 年 10 月 17 日，李克强总理向到访北京的澳大利亚总督推销中国高铁。

40 天后，11 月 26 日，李克强总理和中东欧国家领导人在中国铁路总公司总经理盛光祖的陪同下，在罗马尼亚议会宫共同参观了中国铁路等基础设施及装备制造展。李克强对中东欧国家领导人说，中国高铁技术装备成熟、施工经验丰富，竞争优势明显，完全能够适应各国情况，满足市场的需求。

这一系列举动，被外国媒体称为中国打出了“高铁外交”牌。

中国政府频频打出“高铁外交”牌，源于中国高铁拥有“走出去”的明显优势。首先是性价比，研究报告显示国外建设高铁每公里成本约为 5000 万美元，中国只要 3300 万美元，因为中国在 1 万公里高铁网建设中造就庞大的技术技能队伍，形成完整的产业链，成本相应低；在技术上，中国高铁消化吸收了多个发达国家成熟先进的技术，并进行了再创新，具有兼收并蓄的特点，适应性比较突出；在经验上，中国修建了 1 万公里高铁，实践经验丰富，具备在不同地质条件、不同气候环境下建设和运营高铁的经验，而且安全性有保证，有能力在地形复杂、气候湿热的东南亚地区一展身手。

对于中国经济而言，高铁“走出去”的好处是不言而喻的。商务部一位资深研究员指出，高铁走出去分两个层次，一是车辆装备的出口，二是高铁系统的出口。后者除了设备外，还负责整条铁路的铺设，属于货物贸易与服务贸易的结合。这有利于中国发挥在制造业和工程承包领域的优势，帮助外贸实现平稳增长。

由中国铁建承建的麦加轻轨，就属于工程承包与装备出口的结合。麦加轻轨铁路是沙特阿拉伯第一条轻轨铁路，是全世界130多个国家众多穆斯林每年去圣城麦加朝觐的“天路”。这条轻轨全长18.25公里。共设9座车站，设计运能为每小时单向7.2万人，是迄今世界上设计运能最大、运营模式最复杂、室外温度最高、同类工程建设工期最短的轻轨铁路项目。该项目2009年2月开工建设，来自中国铁建的施工队伍克服了远离故土、高温酷暑、宗教人文差异、水土不服、工期紧张、任务繁重等困难，经过22个月的奋战，按期完成了线路基础、站房建设与“四电”安装，确保了2010年11月麦加朝觐期间顺利开通运营。

▶ 沙特轻轨

远道而来的朝觐人群乘坐中国北车长客股份研制的具有大编组、大运能、耐高温风沙性能的轻轨车辆，惊叹“它将让朝觐变得更加舒适，不会再有拥挤、堵车和污染”。沙特城市和农村事务部部长助理阿尔·阿比丁说：“这可不是轻轨，每小时运送7万名乘客，一点都不轻！”麦加历史上第一次拥有了铁路线，纽约《每日新闻报》称之为“几千年来的新变化”。

在走出去的工程承包中，中国铁路发挥了整体技术优势。2011年7月，中国铁科院23名科技检测人员赴麦加参与轻轨二期联调联试，重点对新投入的远程监控功能（SCADA）和信号系统自动驾驶ATO功能进行检测。麦加夏天的最高气温达55摄氏度，日间平均温度40摄氏度，检测人员在不透气又没有空调的车站配电房里耐着高温检测，一憋就是几个小时。2011年11月3日至9日，麦加轻轨铁路圆满完成了当年的朝觐运营任务，开行列车1765列，连续安全运营151.25小时，运送了包括海湾阿拉伯国家的王室成员、政府官员和社会各阶层人士在内的世界各地朝觐旅客322万人，创下了单位时间内平安运送乘客数量的世界纪录。朝觐轻轨备受瞩目并登上沙特国家邮票，中国再一次赢得世界的尊重。

中国的高铁装备企业是“走出去”的主力军之一。近10年来，伴随着中国高铁发展，铁路装备出口已走向世界。中国北车从2002年起步迈进亚非拉，到2012年全线挺进欧美澳；从2002年的小额配件集装箱打包出口，到2012年以核心技术为支撑的整车驰骋世界；从2002年靠低价产品冲关，到2012年倚仗“CNR”中国品牌走向世界。2012年3月20日，中国北车制造的电动车组和地铁车辆在巴西里约正式投入运营，巴西民众用热情的桑巴欢迎来自东方的“中国龙”，巴西媒体用“为中国新车打满分”的大字标题吸引市民眼球。中国电动车组陆续漂洋过海到达巴西、阿根廷，将直接服务于2014年巴西世界杯和2016年奥运会。中国北车的出口额从2000年集团成立时的5000万美元，发展到2013年的17亿美元左右，为13年前的34倍。

中国南车“走出去”也取得了快速发展，轨道交通装备产品已经出口全球 80 多个国家和地区。以动车组、城轨地铁为代表的高端产品出口到澳大利亚、新加坡、马来西亚、土耳其、格鲁吉亚、印度、南非、香港等国家和地区。2013 年 11 月 7 日，中国首列出口型高速动车组在中国南车下线，该型动车组 8 辆编组，共 9 列，设计时速 350 公里，专门为香港铁路设计，将首先在香港至广州间投入使用。截至 2013 年 10 月，中国南车在海外订单达到 241.9 亿元，占订单总量的 22.7%。最近三年中国南车海外市场签约额逐年增长，2011 年 55 亿元，2012 年 135 亿元，2013 年达 136 亿元。

可贵的是，中国高铁装备已经实现了由产品出口到“产品 + 服务”的转变，不仅销售产品，而且在当地建立维保的 4S 店，进行全寿命周期维护。中国南车积极实施本地化生产战略，在马来西亚、土耳其、南非等地建立生产基地，实现海外市场的本地化生产。目前中国南车已经在美国、英国、澳大利亚、巴西、马来西亚等国家和地区设立了 10 家分子公司。

中国高铁“走出去”，受益的不仅仅是铁路行业本身，还包括整个“中国制造”。长期以来，中国出口货物数量巨大，但附加值并不高。当今世界绝大多数的知名品牌都出自欧美国家。高铁作为一种资金、技术密集型的出口产品，能够树立中国在高科技领域的品牌，改善“中国制造”的形象。中国高铁装备品牌走向世界，无疑将推动中国高端装备制造业实现技术、资源、资金和人才的全球配置，加速融入世界。

中国高铁的快速发展吸引了许多国家的关注。中国南车集团称，全球已有 50 多个国家与该公司就高铁合作进行了接触，其中 20 多个国家与该公司进行了深入沟通交流，包括美国、巴西、俄罗斯、罗马尼亚等高铁潜在市场。据悉，中国制造的 CRH380A 型高速动车组列车已通过了美国知识产权认证，具有完全自主知识产权，可出口至全球各地。

中国高铁走出国门潜力巨大，前景喜人。

解读中国速度之谜

高速铁路，顾名思义就是速度高的铁路。国际铁路联盟（UIC）定义高速铁路为：通过改造原有线路使其设计时速达到 200 公里，或新建线路设计时速达到 250 公里以上的铁路。中国把高速铁路定义为：新建设计开行时速 250 公里及以上动车组列车，初期运营时速不小于 200 公里的客运专线铁路。

1964 年，日本建成世界上第一条高速铁路，最高时速 210 公里。44 年后，2008 年 8 月 1 日，中国第一条设计时速 350 公里高速铁路京津城际开通运营。短短几年间，高速铁路在中国大地迅猛发展，如条条巨龙横跨大江南北，连接沿海内地。截至 2013 年底，中国新建投入运营的高铁总里程已突破 1 万公里，居世界第一位。

惊诧于中国速度，外国舆论疑惑：中国高铁仿佛是在一夜之间“冒”出来的，“中国速度”的奥秘在哪？

世界上一次建成里程最长的高速铁路——京沪高速铁路

实际上高铁是社会和经济发展到一定阶段的产物，和国家的整体经济实力和社会发展水平有关。如果一个国家经济水平不到一定阶段，不但修建高铁困难，就算建成日常运营维护的成本也很高昂。

2004 年 1 月，国务院出台了《中长期铁路网规划》，正式启动了中国高铁建设。此时中国已具备发展高铁的三个条件：

一是经过 25 年改革开放，中国的综合国力已不断增强，科技创新能力大幅提升。

二是经过十多年高铁科研攻关与工程试验，为中国高铁建设积

世界上干线最长的高速铁路——京广高速铁路

累了经验，储备了人才。从1990年起，中国开始对高铁的设计建造技术、高速列车、运营管理等关键技术组织攻关，进行了广深铁路提速改造，修建了秦沈客运专线，先后实施了六次铁路大提速，为构建高铁技术标准体系奠定了基础。

三是社会对发展高铁已形成共识。高铁具有安全可靠、方便快捷、运力强大、节能环保等优势，发展高铁有利于节能环保，以较低的资源环境代价满足经济社会发展的运输需求。在工业化和城市化进入快速发展的关键时期，中国选择发展高铁正当其时。

具备这三项条件，并不等于大功告成。要将可能性转化为现实性，从无到有、又好又快地建成高速铁路，还有漫长的路要走，要精心组织、科学实施，要逐一攻克勘测设计、基础工程、装备制造、通信信号、系统集成、运营管理等科技难题。

中国为什么能在短短十年中建成 1.1 万公里高等级高水平的高速铁路？“中国速度”是如何炼成的？认真总结中国高铁建设经验，对加快转变经济发展方式实现可持续发展，对推进创新型国家建设，会有许多有益启示。

发挥中国体制优势，集中力量办大事。中国高铁建设开启了国家决策、合资建路、地方参与、集中力量建设的新模式。铁道部先后与 31 个省市自治区政府签订了铁路建设战略合作协议，充分发挥了地方政府建设铁路的积极性，地方以土地折价入股，解决了征地拆迁的大难题，为加快铁路建设创造了良好环境。京沪高铁连接 7 省市，征地拆迁面临人口稠密、涉及面广、程序复杂带来的巨大挑战，但在沿线地方政府和人民群众热情支持下，原计划 6 个月完成仅用 3 个月就完成了 98%。2005 年石太、武广、京津等 11 条高铁与客专相继全面开工，十多个省市政府鼎力支持，几百个单位、几十万建设大军团结协作，形成了齐心合力共建高铁的生动局面。

瑞典欧盟研究所研究员艾连娜·卡尔森发现了中国发展高铁的体制优势，指出：中国发展高铁是非常明智的选择，将在找到新的经济支撑点的同时，占据未来能源利用制高点、政治制高点。与欧洲相比，中国没有欧洲内部相互掣肘的问题。

中国高铁建设的成功事实说明，坚持发挥集中力量办大事的体

中国高速铁路技术体系

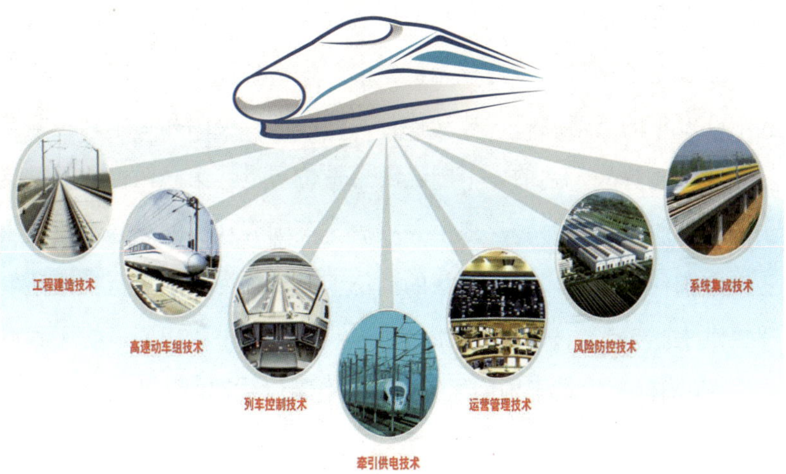

制优势，坚持科学化民主化决策，并善于把这一优势与市场在资源配置中的决定性作用有机结合起来，对推进新型工业化、信息化、城镇化、农业现代化发展具有重要作用。

引进与创新相结合，走引进消化吸收再创新之路。高速铁路是当今时代高新技术的集成，人类文明的结晶和铁路现代化的标志。中国铁路在长期科研试验和技术储备的基础上，充分学习借鉴世界铁路先进技术成果，紧密围绕高铁建设与运输需求，大力推进原始创新、集成创新和引进消化吸收再创新，在高铁关键技术领域取得了一系列重大成果，形成了比较完备的高铁技术体系，走出了一条适合中国国情的科技创新之路。

翻开近代史，当欧洲开始文艺复兴、启动工业革命之际，中国却闭关自守，停滞不前，其中一个重要原因是清王朝封建统治者高傲自满，拒绝学习西方先进技术。1793 年，英国使者马戈尔尼勋爵（Lord Macartney）到访中国，带来了工业革命的神奇成果，但乾隆皇帝不以为意，他对英国使者说："天朝物产丰盈，无所不有，原不藉外夷货物以通有无。"中国为这种高傲付出的代价就是近 100 多年的衰落腐朽，被动挨打，而欧洲、美国和日本却不断向前发展。鸦片战争之前，中国经济总量位居世界第一，但敌不过英法等国的船坚炮利。鸦片战争失败后，英国等众多的列强不断提出要在中国修建铁路，愚昧腐朽的清王朝视铁路为"西夷奇技淫巧"和"洪水猛兽"，认为修铁路会"失我险阻，害我田庐，妨碍我风水"，顽固地拒铁路于国门之外，致使中国修建铁路推迟了 30 多年。

2006 年 7 月 1 日，青藏铁路全线通车。青藏铁路是世界上海拔最高、线路最长的高原铁路，全长 1956 公里。

在学习、引进国外技术与管理问题上，既不能故步自封，盲目排外；又不能亦步亦趋，原样照搬。中国高铁建设正确处理引进与创新的辩证关系，瞄准世界先进水平，科学求是，不照搬某国技术，而是从法、日、德等“大国技术”中博采众长，兼收并蓄，自主创新，系统集成。

中国铁路充分发挥体制优势，组织工程建设、装备制造、运输企业、科研院所和高等院校，协同开展高铁科技攻关。在工务工程技术方面，以原始创新为主；在列车运行控制技术、设计建造等方面，以集成创新为主；在动车组研制等方面，以引进消化吸收再创新为主。通过不同创新方式的有机结合，汇聚成了创新发展的强大合力，形成了适合国情路情、具有自主知识产权的高铁技术标准体系，它包括工务工程、牵引供电、通信信号、电动车组、信息系统、运用维修六大系统。每个系统又包含了若干个子系统，如工务工程这一系统包含了勘察设计、线路、站场、路基、轨道、桥梁、隧道、建筑等子系统。

十年来，中国铁路技术水平实现了重大跨越，高速铁路、机车车辆、高原铁路、既有线提速、重载运输、运输调度等技术迈入世界先进水平，运输效率世界第一，为经济社会发展做出了重要贡献。

科学管理，精心组织，整合各方力量万众一心建高铁。中国高铁工程建设规模大，技术标准高，持续时间长，涉及部门与单位多。为确保高铁工程建设高效快速有序地进行，在管理上中国高铁由政府统一规划并组织建设，实施以建设单位为龙头、以质量安全为核心、以施工组织为主线、以标准化管理为抓手的项目建设模式，在建设理念、管理体制、管理方法、质量控制、项目推进、监督管理

▶ 动车组列车驶出宁杭高铁（南京—杭州）卧龙山二号隧道

等方面，探索、形成并施行了一套符合国情路情的科学有效的管理体系。

高铁建设管理的创新亮点是标准化管理。高铁技术标准复杂，质量要求精密，中国铁路改变了以往“大会战”的粗放型管理模式，以建设项目为依托，以机械化、工厂化、专业化、信息化为支撑手段，全面推行铁路建设标准化管理。它由管理制度标准化、人员配备标准化、现场管理标准化、过程控制标准化四个部分组成，涵盖工程建设和队伍建设内容；标准体系含技术标准、管理标准、作业标准三方面，分级制定，全路统一。标准化有效组织与强化了建设、设计、施工、咨询、监理各方的管理，施工现场看不到过去人员密集的场面，工人转为机械化、工厂化、专业化生产。施工中紧张有序，无论哪个工序，都要求事事有流程、事事有标准、事事有责任人；无论哪个岗位，都要做到标准成为习惯、习惯符合标准、结果达到标准。

建设实践证明，这套管理体系符合中国高铁大规模、快节奏发展的要求，它调动与激发了各方参建企业争雄夺冠、勇创一流的活力与动力，科学有序地组织好每一条高铁的建设，实现项目建设“质量、安全、工期、投资、环保和稳定”六大综合管理目标，确保每一条高铁建设做到高标准起步，高效率推进，高质量建成。

几十万筑路铁军拼搏奉献，求实创新，为圆梦高铁勇创一流。勤劳勇敢、自强不息的精神，是几千年来中华民族生生不息、发展壮大的重要精神支撑。半个多世纪以来，在艰苦卓绝的铁路建设中，打造了一支志存高远、作风过硬、技术精湛的铁军。在高铁建设中，面对落后于发达国家铁路至少 20 年的弱势，中国铁路大军在学习中创新，在创新中赶超，取得了令世界瞩目的业绩，体现了新时期中华民族精神的继承和创新。

短短十年间，中国高铁为什么能从无到有，从线到网，构筑起居世界首位的上万公里高铁网？其原因在于中国具有集中力量办大事的体制优势，在技术上坚持兼收并蓄、自主创新，在管理上施行一套科学高效的管理体系，有一支作风硬、技术精、素质高的铁路建设队伍。这就是中国高铁崛起与超越的四大“法宝”。

6

高铁时代带来了什么

近年来，人们一次次聆听着中国大地上高铁发出的时代强音。短短 10 年里，中国高铁从无到有，从线到网，2013 年底已突破 1 万公里，占世界高铁总里程的一半多。

“中国高铁”，无疑已成为世界关注的“高频”热词。它快速崛起，后劲十足，世界的目光惊诧与羡慕复杂交织。

瑞典欧盟研究所研究员艾莲娜·卡尔森指出：高铁网的建立对中国而言，其意义可称得上是发展史上的“转折之战”。中国发展高铁，不是选择了一个交通方式，而是在谋划未来。

美国《纽约时报》文章称：中国高速铁路网的承诺将使中国在经济上更具有竞争力，这非常像美国在半个世纪以前修建州际公路系统以提高生产力和降低成本。美国全国铁路客运公司负责政策和发展的副主席斯蒂芬说：“光是他们将需要的大量设备和将开发的技术就足以把中国推升到领军地位。”

中国高铁带来了什么？这是一个“仁者见仁、智者见智”的问题。

经济学家称，高铁作为现代社会的一种新的运输方式，有利于工业化和城镇化的发展，有利于推动区域和城乡协调发展，在拉动经济社会发展方面起着不可替代的促进作用。

环保学者说，高铁使用电力，有利于节能减排，基本消除了粉尘、油烟和其他废气污染，堪称低碳经济、绿色经济的出色践行者。

外交人士称，高速铁路已成为一张亮丽的“中国名片”，作为中国综合国力日益增强的缩影，展示着中国发展进步的新形象。

新闻记者则写道，中国高铁从寻梦、追梦到筑梦、圆梦，演绎着中国改革发展和中华民族伟大复兴的华彩乐章。

而广大旅客的回答更直接而具体：过去坐火车买票难、乘车难，如今高铁“公交化”运行，方便快捷，坐着舒坦，“条件比报纸上说的还好”！

看来，中国高铁已不再是一个简单的运输工具，它正在全方位地改变着中国，影响着世界，为成就大国风范迅疾前行！

中国高铁突破 1 万公里

2013 年 12 月 28 日，是中国铁路发展史上一个特殊的日子。

这一天，厦门至深圳高铁、西安至宝鸡高铁、衡阳至柳州铁路、柳州至南宁客专、武汉至咸宁城际等多条新线开通运营。

这一天，中国高铁运营总里程突破 1 万公里，总计 11028 公里，占世界高铁总里程一半多；中国高铁线路达 34 条，覆盖 160 多个地级以上城市，长三角、珠三角、环渤海三大城市群高铁已连片成网。

这一天，可谓双喜临门，好事成双，中国铁路运营里程同时突破 10 万公里。一幅以大通道为骨架，干支结合、纵横交错、连接城乡、四通八达的铁路网精彩画卷，展现在国人面前。

在10万公里铁路中，时速120公里及以上线路超过4万公里，其中时速160公里及以上线路超过2万公里；复线和电气化铁路里程分别达到4.8万公里和5.6万公里。它标志着中国铁路网质量明显提升，路网结构更加合理，路网布局更加优化。

在10万公里铁路中，最引人注目的是高铁已突破1万公里。1:10的“高铁比”使中国铁路网的“含金量”世界领先，增强了国人的“道路自信”。高铁已成为中国颇具竞争力的技术及产业资源和“国家名片”。正如《纽约时报》2013年9月23日在《高铁改变中国》一文中所称：“毫无疑问，高铁以出人预料的方式改变了中国。”该文客观指出高铁是推动中国经济在其他新兴经济体增长停滞不前之际继续增长的原因之一。

厦深高铁广东省境内最长的跨海大桥——长沙湾特大桥

2013年12月28日，旅客乘坐动车组从深圳北站开出，庆祝厦门至深圳高铁开通运营

厦深高铁（厦门—深圳）营业里程513公里，跨越福建、广东两省，串联起深圳、汕头、厦门3个特区，沿线群众亲切地把它称为特区专线。它不仅结束了漳浦、云霄、诏安、饶平、普宁、陆丰、汕尾、惠东8个县市不通铁路的历史，而且标志着国家《中长期铁路网规划》“四纵四横”快速铁路网中的“一纵”——东南沿海铁路全线贯通。厦深高铁向东与已开通运营的福厦、温福、甬台温、杭甬等沿海铁路相连，直达上海，通过深圳北站与广深港高铁、京广高铁相连，形成了珠三角、长三角及海峡西岸经济区之间的便捷运输大通道。

厦深高铁沿线通过客家人居住地，旅游与客家文化资源丰富。客家人是在汉族中原南迁中形成的，自东晋南北朝（约公元4世纪至6世纪）起，中经隋唐（约公元6世纪至10世纪）到明末清初（17世纪初期至中期），客家先民为避战乱，先后五次大迁徙，历经千

厦深高铁榕江特大桥

年，从北方到南方，从江西、福建、广东到广西、陕西、四川，继而漂洋过海，下南洋赴欧美闯天下，筚路蓝缕，繁衍生息。目前全球客家人有 1.2 亿之众，其中海外约有 2000 多万人分布于全球五大洲 80 多个国家和地区。厦深高铁北连赣龙铁路（赣州—龙岩）、龙厦铁路（龙岩—厦门），将福建西部、江西南部、广东东部三大客家聚散地连成一线，形成揭秘客家文化的“黄金走廊”。据报载，广东省、福建省旅游局将联手江西、上海、浙江等周边省市，以及台湾、香港、澳门地区，共同打造客家文化旅游品牌。人们乘坐厦深高铁与龙厦、赣龙铁路，就能便捷地到达沿线各处客家文化旅游点，品客家菜，赏客家民居。

“八百里秦川尘土飞扬，三千万秦人齐吼秦腔。”秦川，南倚

2013 年 12 月 28 日，西安至宝鸡高速铁路开通运营。图为动车组在西安北站整装待发

秦岭，西起宝鸡峡，东至潼关。西宝高铁（西安—宝鸡）的开通，和郑西高铁（郑州—西安）连接在一起，与陇海干线（连云港—兰州）并行，向西挺进延伸，成为八百里秦川上的“金腰带”。西宝高铁全长 167 公里，是“四纵四横”快速铁路网中“一横”——徐州至兰州通道的重要组成部分，开通后对密切西部地区与中东部地区人员和经济贸易往来，推进西部大开发具有十分重要的意义。

渝利铁路（重庆—湖北利川）全长 287 公里，初期运营时速 200 公里，它的开通宣告贯穿中国东、中、西部的沪汉蓉铁路（上海—武汉—成都）全线连通，这也是“四纵四横”快速铁路网规划中率先建成连通的“第一横”。

修建一条沿长江东出川渝的铁路，一直是人们的梦想。1904

年四川总督锡良集股设立川汉铁路公司，筹备修建川汉铁路。从1909年至1919年，詹天佑受命主持川汉铁路工程建设，但由于当时政局动荡、资金缺乏、工程艰巨等，壮志未酬，工程搁置，一拖就是百年。2010年，经过7年奋战，377公里长的世界最难修的山区铁路宜万铁路（宜昌—重庆万州）穿越武陵大山。几年间，合武高铁（合肥—武汉）、遂成铁路（四川遂宁—成都）、沪宁高铁（上海—南京）、汉宜高铁（汉口—宜昌）、遂渝铁路（重庆—四川遂宁）相继通车。渝利铁路的开通运营，成功连接了沪汉蓉大通道的最后一段，圆了百年川汉铁路梦，川渝地区的经济发展翻开了崭新的一页。

十年筑梦结硕果。自2004年1月7日国家《中长期铁路网规划》出台后，中国铁路发展翻开了精彩的一页。短短十年间，中国铁路由2003年的7.3万公里到2013年底突破10万公里，中国高铁从无到有，从线到网，突破1万公里。这两大突破，寄托着亿万中华儿女的百年梦想，承载着几代铁路人的心血与汗水，是中华民族勤劳勇敢、百折不挠精神的伟大见证。

中国高铁突破1万公里，是中国百万铁军拼搏奉献、求是创新、为国筑路、勇创一流的结晶。在高铁十年征战中，从科研、设计到施工，从建设到运营，从动车组技术引进、吸收、创新到打造中国品牌，百万铁军团结协作，肩负国人的期盼，带着几代铁路人的夙愿，以强烈的机遇意识、进取意识、责任意识，攻坚克难，砥砺奋进，为实现高铁梦倾注心血和智慧。

诗人铁炉以《满江红·中国高铁突破一万公里》为题，表达了对铁军的敬意：

风生水起，高铁铺筑神州地。历沧桑，十度春秋，一万公里。殚精竭虑酝良谋，水陆并进鏖战急。抬望眼五洲试论剑，谁堪比？

势跌宕，披荆棘，涉险滩，无畏惧。毁誉常相伴，自有公议。道砟默默仁人节，动车隆隆英雄气。乘长风路网再延展，听霹雳。

1万公里高铁并不是终点，而是一个新的起点。中国铁路正“乘长风路网再延展”，矢志创新，向新的目标前进！

北京乘高铁 半天可达54个城市

从北京一路北上，京津、津秦、秦沈、哈大，高速动车组挺进山海关外，纵贯东北三省。

一路南下，京石、石武、武广，连成一线的京广高铁将华南至华北直至东北地区的南北大动脉一路打通，在中国地图上画出一条熠熠生辉的经线。

一路东行，京沪高铁穿越中国经济最具活力的环渤海和长三角地区，为“黄金通道”鸣响奋进的笛声。

凭海临风，宁杭、杭甬、甬台温、温福、福厦与厦深高铁，给中国东南沿海镶上了一道耀眼的金边。

才短短几年，不经意间，《中长期铁路网规划》中的“四纵”快速客运干线已基本贯通。

2013 年 10 月 5 日正值国庆长假，《北京青年报》刊发了记者报道《北京乘高铁半日可达 54 个城市》。报道称，这 54 个城市分布在河北、山东、河南、山西、江苏、安徽、湖北、陕西、浙江、上海、天津等 11 个省市，沿途的名胜古迹不胜枚举。其中，最近

北京乘高铁可半日到达城市（部分）

城市	运行时间(大约)	省份	景点
天津	30分钟	天津市	吃小吃、听相声
保定	30分钟	河北省	狼牙山、白洋淀
德州	1小时	山东省	乐林万亩枣林
济南	1小时30分	山东省	趵突泉
泰安	2小时	山东省	泰山
曲阜	2小时	山东省	孔府、孔庙、孔林
阳泉	2小时	山西省	娘子关
太原	2小时30分钟	山西省	晋祠、天龙山石窟
淄博	3小时	山东省	蒲松龄故居
潍坊	3小时30分钟	山东省	嵩山
南京	4小时	江苏省	夫子庙、中山陵
洛阳	4小时	河南省	白马寺、龙门石窟
合肥	4小时	安徽省	徽园，包公祠
三门峡	4小时30分钟	河南省	仰韶文化遗址、黄河大坝
青岛	4小时30分钟	山东省	崂山、金沙滩
无锡	5小时	江苏省	太湖
苏州	5小时	江苏省	苏州园林
上海	5小时	上海市	老城隍庙、外滩
西安	5小时	陕西省	兵马俑
杭州	5小时	浙江省	西湖、灵隐寺

的30分钟就可达到，最远的也只需5小时到达，高铁使乘车时间缩短一半。

北京乘高铁半日可达54个城市，是高铁快速便捷方便旅客出行的一个缩影。2013年12月1日，津秦高铁（天津—秦皇岛）开通后，北京乘高铁半日可达城市已延伸到秦皇岛、山海关、锦州、沈阳等，远不止54个城市了。其实，上海、南京、杭州、沈阳、郑州、武汉、广州、西安等各大城市也都能列出半日内可到达的城市。

“高速铁路集成了铁路运输的大容量性、高速公路的便捷性、航空运输的快速性三种现代交通工具的优点，是一种全新的运输方式。”一位经济学者用“三性”准确概括了高速铁路的特点。

高速铁路具有安全可靠、方便快捷、运力强大、全天候运输等比较优势，最适应现代社会城镇人口的商务、旅游、探亲等出行。随着京津、京沪、哈大、京广等高铁相继开通，为铁路运输、旅客出行、时间效益等多方面带来深刻变化。

高铁动车组带动铁路客货运量持续增长。自2007年动车组列车投入运营至2013年，全路动车组列车已累计发送旅客22.5亿人，动车组旅客发送量占全路比重由4.3%增长到31.8%以上。与2007年比，2013年全国铁路旅客发送量增加74927万人、增长55.2%。

在2013年10月国庆黄金周期间，高铁实行高峰运行图，最大限度组织重联或大编组运行。10月1日，全国铁路旅客发送量完成1032.7万人，首次突破千万大关，实现了铁路客运历史上的大突破；当日动车组客流达279.8万人，创动车组单日旅客发送量新纪录。

高铁动车组带动铁路客货运量持续增长

中国铁路单日旅客发送量从 100 万人到 500 万人用了 50 年，平均每增长 100 万人需要 10 年时间；2006 年从 500 万人迈向 800 万人才用了 4 年时间；而从 2010 年 800 万人迈向 1000 万人只用了短短 3 年时间。在这激增的客流和屡创新高的数字背后，重要因素是高铁运能的大力释放和运力的不断提升。

世界银行的交通专家调研了中国武广高铁、京津城际、长吉城际 3 条新线一年的运营情况后，得出一个结论——这 3 条新线的客流新生成率达到 50%。所谓新生成率就是新产生的客流。世界银行的调查报告肯定了高铁对中国经济的利好影响，原因在于这 50% 过去不出门的新产生客流要消费，能拉动经济增长。

截至2013年底，铁路每天开行图定旅客列车2358对，其中高铁动车组列车1235对，占旅客列车开行总量的52%。

高速铁路的开通还有效释放了既有线货运能力，缓解了货运能力长期紧张的局面。与2007年比，2013年全国铁路货物发送量增加83081万吨，增长26.5%。

高铁运营有效降低社会时间成本和物流成本。随着高铁运力持续增强，全社会人流、物流周转明显加快，大幅缩短旅客的旅行时间所产生的巨大社会时间效益同步增加，全社会物流成本有效降低。

对高铁带来的巨大社会时间效益，据《科技日报》2011年5月24日报道，武广高铁开通后，武汉到广州的列车旅行时间由11小时缩短至3小时，依据现阶段运量和单位时间劳动力成本测算，这条线路每年节约的社会时间价值达数十亿元。随着运量的持续快速增长，高铁节约的社会时间价值还会大幅度增加。

据统计，中国已开通运营的高铁可为货物运输腾出2.3亿吨的年运力。专家分析，在全社会货物运量中铁路货运比重每提高一个百分点，就可节约社会物流成本212亿元。高铁的开通运营有效增加了铁路货运能力，大大降低了全社会的物流成本，对于提升中国企业经营效益具有重要作用。

高铁带来同城化效益，改变人们的时空观念与生活方式。借助高铁，人们的生活半径和活动范围将明显扩大和拓宽，生活方式和生活节奏逐渐发生变化。在高铁形成的“一天生活圈”或“三小时交通圈”“一小时交通圈”内，不同地区的经济社会活动可以更紧密地联系起来，带来许多潜在的商机和增长机会。

2013年4月29日，“五一”小长假第一天，北京南站旅客正在检票闸机前排队进站乘车

京津城际将两大城市的距离缩短在30分钟内，引领着京津同城化的时尚生活。京津城际开通后，北京市长对天津市长笑说：“看来我是你的北郊了。”天津市长笑答：“不，我是你的海边了。”

武广高铁通车后，这一公交化、快速化、大能力的“黄金通道”，将武汉至广州1069公里的遥远距离缩短在3小时内，把武汉都市圈、长株潭城市群和珠三角城市群有机连为一体，进入了跨区域间的“同城化”时代。

京沪高铁开通后，北京至上海只需5小时，京沪间一天内便可往返，实现“朝发夕归”。它帮助旅客缩短在途时间，提高了工作

动车组乘务员为旅客送水

旅客在动车上欣赏窗外的美景

乘武广高铁深度赏花游风靡广东、香港、澳门

效率，增加人们休息、文体活动时间，提升人们的生活质量。

上午荡舟于杭州西湖，中午品溧阳天目湖鱼头，晚上夜游南京秦淮河……随着 2013 年 7 月 1 日宁杭高铁开通，两地间只需一个多小时，这样的长三角休闲度假节奏已成为现实。

2013 年 12 月 28 日衡柳铁路（衡阳—柳州）开通之后，北京到桂林间开通了高铁，车程从原来的 22 小时缩短到 10 小时；武汉到桂林由原来的 13 小时缩短到 4 小时，各地游客利用周末南下桂林看“山水甲天下”已成为现实。

在中国高铁中，城际高铁是长距离高铁的有益补充和延伸，是高铁路网的“毛细血管”。伴随着一条条城际高铁的建设与运营，整个高铁网将串联起来形成网络，到 2020 年将基本覆盖 50 万以上人口城市，同城化将使人们的生活更加丰富多彩。

可以说，高铁带来的不仅是交通的便利，铁路运输能力的提高，更是整个社会的全面发展。

凸显
节能环保优势

能源资源日益紧缺，生态环境持续恶化——这是世界各国发展面对的现实难题。

在当代各种交通运输方式中，铁路不仅具有运能大、运距长、成本低、安全性好的特点，而且具有占地少、能耗低、污染小的比较优势，成为以低碳为特征的绿色交通工具。据此，从 20 世纪 80 年代开始，世界上许多国家纷纷把发展铁路作为交通产业政策调整的重点。在客运中优先发展高速铁路，已成为时代潮流。

对中国这个人口大国而言，经济快速发展所面临的资源和环境压力更大。中国人均拥有的主要能源探明储量不到世界平均水平的一半，而且煤多油少，石油极为短缺。国家大力发展高速铁路，采用电力驱动的动车组，既节能又减排，对推进生态文明建设，实现可持续发展，具有重要的战略意义。

节约能源。据有关数据显示，若以铁路单位工作量能耗为 1 单位，则公路为 7.8，航空为 11.3。高速列车利用电力牵引，有利于节约石油资源。京津城际人均百公里能耗不到 8 度电。

为降低高铁能耗，中国铁路科学选择了载客量大、节省能源、编组灵活的动力分散式动车组，采取动力车厢与非动力车厢混编。这是既保证速度又节省能源的最佳编组。动车组采用了再生制动技

▶ 采用太阳能光伏发电技术的天津西站

术，利用制动回收电能；流线型车头有效降低高速运行的风阻力，减少了电量能耗；通过使用新型材料和交—直—交等技术，减轻车体重量，也能节省牵引能耗。

高铁车站大力采用节能技术。其墙体、屋顶选用节能新型材料，照明充分利用自然光并采用高效节能灯及智能控制技术，广泛采用太阳能光伏发电、地源热等节能技术，实行节能运行管理。高铁车站地理位置多在城市边缘，没有城市热网，使用锅炉又污染环境，于是纷纷采用地源热泵提供中央空调冷热媒水，通过地埋管与土壤进行热量交换，夏季制冷冬季供热，减少了城市热岛效应。滕州东站采用 168 口地源井作为室外地能换热系统，比同等功率的中央空调节省 40% 至 50% 的运行费用，既低碳环保又有效降低了运营成本。上海虹桥站无柱雨棚的面积达 7 万平方米，利用雨棚屋面铺设了熠熠发光的 23885 块太阳能电池板，实现年均发电 630 万度，年减排

各种交通工具单位运量能耗

二氧化碳 6600 多吨，年节约标煤 2254 吨。

近年来，中国铁路（含高铁）每年完成的客货运输换算周转量占全社会完成量的 25% 左右，消耗能源约占交通运输业耗能的 6%。也就是说，铁路用不到全国交通业 1/16 的能源消耗量，完成了全社会 1/4 的交通运输工作量。按单位运输量计算，铁路运输能耗是公路运输能耗的 1/4，是民航运输能耗的 1/11，是各种交通方式中能耗最低的一种。

节省土地。土地是不可再生的宝贵资源。高铁土地利用率高，在相同运量条件下，一条高速铁路相当于一条 6 车道高速公路，其土地利用率比公路高 40%。

中国高铁采用“以桥代路”，尽可能少占用土地。大家算了一笔账，每公里高铁路基（包括护道、排水沟及防护栅栏等）的占地超过 77 亩，而每公里桥梁的占地仅 27 亩，每公里采用桥梁将比采用路基节约土地三分之二。京沪高铁沿线人口稠密，土地紧缺，优化路桥比例，坚持“宜桥则桥、宜路则路”的建设方案，京沪高铁桥梁长度占线路总长 81.5%，正式用地比初步设计节省 13000 多亩土地。哈大高铁桥梁长度占线路总长 72%，京津城际桥梁长度占线路总长 87%，线路设计中提高桥梁比例，节约了大量宝贵的土地资源。

以桥代路

减少夹心地，提高土地利用功效。两条或多条铁路之间的空间地带就是“夹心地”，这样的地块应该尽可能缩小。京沪高铁与沪汉蓉铁路、沪宁高铁及各联络线路并行地段，在确保工程安全的前提下，从工程设计上尽可能地减少了并行间距，节约了大量土地。哈大高铁沈大段线路走向基本与沈大高速公路一致，为集约利用土地，铁三院在设计中充分考虑技术标准、车站分布，使线路位置尽量靠近高速公路，既减少夹心地，部分地段还与高速公路共用排水沟，节约工程费用。

建设中严格控制施工临时用地。坚持“永临结合、少占耕地、集中设置、紧凑布局”的原则，预制场、铺架基地、拌合站严格按照规划要求设置；小型施工场地、营地设置尽量利用沿线既有场地和站区永久征地。对于临时用地是耕地的，严格按照复垦方案进行，复垦完成并经评估合格后方可退还。

绿色环保。高速动车组全部采用电气化牵引，基本上消除了粉尘、煤烟和其他废气污染；动车组采用真空密闭式集便器不污染环境，噪声比高速公路低。国外有研究认为，高速动车组在环境的不良影响上，只是汽车的 1/20、航空的 1/30。

高铁建设严格执行国家《环境保护法》的规定，以超前的环保选线设计理念保护生态环境。选线时认真调查铁路经过地区的自然保护区、风景名胜区、水源保护区、森林公园、地质公园等生态敏感区的分布，铁路线路尽可能绕避上述生态敏感区。京沪高铁设计阶段，就采用绕避凤阳明皇陵的选线方案，避免了明皇陵受施工干扰；对蚌埠龙子湖风景名胜区主要以东芦山隧道形式经过；对滁州琅琊山风景名胜区以一段路基加园郢子隧道形式经过；对南京牛首

▶ 桥下水土保持

▶ 边坡水土保持

祖堂风景区线路绕避从西侧通过。

组织开展高铁线路景观设计，将工程建设与绿化环保结合起来。高铁路基防护工程以植物种植为主，内乔（木）外灌（木），强化路基地段的绿化，尽快形成稳定的植被体系，打造绿色通道，使沿线绿化与当地自然人文环境协调，美化环境，乘客视野悦目怡人。加强沿线各站点绿化，确保与城市文化景观相协调。

▶ 高速铁路声屏障

设置声屏障减震降噪。高铁在经过沿线村镇时，为减少振动、噪声对人们的影响，在相应区段的线路外侧设置声屏障，采用内含吸声材料的纤维混凝土板制成，有效减轻了铁路噪声对人群的影响。高铁轨道采取无缝线路平顺无接缝，大大降低了高铁振动和噪声对旅客与沿线的不良影响。

传统的运输发展战略往往只注重运输的内部成本与效益，忽略了公路和民航对环境污染的巨额外部费用。以运输外部成本评估为核心内容的运输全成本分析，显示了铁路运输的比较优势，为各国运输发展战略的调整提供了依据。瑞士和德国两家研究所曾经联合对欧洲 17 国一年的运输外部成本进行了评估，结论是交通事故和环境污染的外部成本高达 5300 亿欧元，其中公路占 92%、民航占 6%、铁路仅占 2%；铁路、公共汽车、民航、小汽车单位客运周转量的外部成本之比为 1:1.9:2.4:4.4，铁路远远低于任何一种运输方式。

在中国工业化和城市化快速发展的关键时期大规模推进高铁建设，这对于构建国家科学合理的交通运输体系，降低运输外部成本，推进生态文明建设，无疑是一大科学决策。一些西方发达国家的有识之士曾感慨道，中国在最恰当的发展阶段做了一件最正确的事。

著名中国问题专家、美国卡内基和平基金会副总裁包道格说，通过发展高铁，中国将能有效缓解能源紧张状况，实现资源的合理分配。

高速铁路是最典型的绿色低碳交通方式。它全部采用电气化牵引，每人百公里耗电不到 8 度，不依赖石油资源，不排放有害气体，有利于落实国家节约资源、保护环境基本国策，以较低的社会成本和资源环境代价满足经济社会发展的运输需求，促进了中国交通向节能、环保的方向发展。应当说，中国在现阶段推进高速铁路建设正当其时。

愿绿色环保的高速列车与窗外天蓝地绿、山清水秀的家园融为一体，共筑一道道美丽中国的风景线！

拉动经济社会发展的助跑器

铁路作为国民经济的大动脉、国家重要的基础设施和大众化交通工具，在中国经济社会发展中具有重要作用。

习近平总书记多年前在担任浙江省委书记时就曾深有感触地说：从福建到浙江给我的体会是，铁路“瓶颈”制约不消除，地方经济只能是在限制中发展，是一种限制型经济。（《人民铁道》报2005年1月28日）

高速铁路对经济社会发展的拉动作用是多方面多层次的：既包括建设时期投资对沿线经济的拉动作用，更包括建成运营后对消除“瓶颈”制约的巨大经济社会效益；既包括增加运输能力、节约运输时间、降低运输成本、提高交通安全等直接经济效果，还包括加快产业布局与结构调整、加快城市化与城乡发展一体化进程、强化各经济区域间联系等间接经济效果；既是方便广大百姓出行、拉动沿线奔小康的民生工程，又是推进节能减排的生态文明建设工程。高铁对经济社会发展的作用不仅范围广，而且持续时间长，将持续百年。

高铁运营加快城市化与城乡发展一体化进程。中国高铁中长距离运能运量优势，对于发挥中心城市对周边城市的辐射带动作用，密切城乡联系，为人才、技术、资金流向农村和农业创造了便利的交通条件，显著改善了沿线城市投资环境，带动了地产物业升值，增加了商业和就业机会，衍生出巨大的经济效益和社会效益。

京沪高铁的开通运营，直接影响到沿线地区民间资本和外资流动、生产要素与需求重新布局，沿线各地的固定资产投资有明显增长。曲阜市以曲阜东站为核心的新区发展迅速，2012 年直接由京沪高铁带动引进项目已达 52 个，合同资金达 260 亿元，完成工业收入 144 亿元，同比增长 17%。高铁带动沿线产业不断升级，中小型城市的区位优势逐渐显现。在京沪高铁沿线的 24 个站中，滕州东、定远、丹阳北 3 个站为县级市，给县城带来了新的生机活力。

高铁促进卫星城市与中心城市以及城乡间的重新布局，加快新型城镇化的发展步伐。以京沪高铁为例，上海市已将虹桥枢纽作为上海经济发展的新的引擎；徐州市以徐州东站为依托，一座新城拔地而起，城市重点东移；济南市在济南西站所在地槐荫区正打造一个高起点策划、高水平规划、高标准建设、高效能管理的西部高铁新城。

奔驰的高铁列车带动沿线城乡发展

上海、南京、杭州是长三角地区的三个中心城市，构成了一个黄金三角。过去这个黄金三角的两边上海至南京、上海至杭州都有高铁相连，唯独南京至杭州这一条黄金边未通铁路。2013 年 7 月 1 日全长

256 公里的宁杭高铁建成通车，补上了这条金边。沿线设江宁、句容西、溧阳、宜兴、长兴、湖州等 11 个车站，原本不通铁路的薄弱经济地带将得到深度开发，黄金三角经济一体化将逐渐形成，各种资源将重新配置、调整和优化，进而带动整个黄金三角地区产业结构重组和经济社会发展。

高铁运营有效推进区域间经济流通与协调发展。中国人口众多，地域辽阔，人口资源分布、经济发展不均衡的特点，决定了生产过程与市场消费需要高速度、长距离、大运量的铁路运输通道来实现。高铁运营大幅度提高通道内客货运输能力，促进了区域间人流、物流、资金流、信息流跨区域快速流动，成为加快区域间经济流通的“黄金通道”。

高铁开通后极大提高了原通道既有铁路的货运能力，有利于中西部区域与东部经济高地接轨，使中西部地区更好地承接东部发达地区的产业转移，形成中国经济由东至西梯次渐进的发展态势。合宁、合武高铁开通后，武汉、合肥到上海、南京的旅行时间大大缩短，强化了中部地区与长三角地区的联系，促进了长三角地区产业向中部地区加速转移。

武广高铁的开通为湖南、湖北承接广东产业转移和空间扩张创造了良好的交

▶ 高铁拉动中西部地区发展

通运输条件，湖南郴州的产业集聚效应已经显现。这条黄金通道带动了“武广经济带”的形成，对实现中部崛起和珠三角区域各省区经济结构互补，促进鄂、湘、粤及周边地区的合作产生了巨大的推动作用，区域经济发展更为合理。

哈大高铁开通运营后，与既有的哈大铁路实行“客货分线”运输，充分释放既有哈大线能力，确保大宗物资南北向、进出关调运以及口岸货物运输，对缩短东北与关内广大地区和沿线城市间的时空距离，增进东北与关内地区的经济、文化交流，振兴东北老工业基地，发挥重大作用。

高速铁路运营驱动新兴产业和现代服务业发展。高铁产业已经成为中国蓬勃发展的战略性新兴产业。高速铁路建设和运营，带动了冶金、机械、建筑、橡胶、电力、信息、计算机、精密仪器等产业的快速发展。

在高铁拉动下，许多地区已经形成了服务高铁的完整的高新技术研发制造产业链。和谐号动车组的研制，加快了铁路装备现代化，在中国已形成了以主机厂为核心，以主要配套企业为骨干，辐射20个省市600余家企业，有力地推动了相关民族工业的发展壮大，形成了中国铁路新的机车车辆制造产业链，同时还搭建了以企业为主体、市场为导向、产学研一体的技术创新平台。

一条条高速铁路的开通运营，直接拉动了沿线城市旅游、餐饮、商贸等第三产业的迅猛发展。京津城际的开通运营，使天津市接待游客的数量增加了35%，许多餐饮店和观光景点人员爆满。郑西高

▶ 首条修建在大面积湿陷性黄土地区的高速铁路——郑西高速铁路

铁开通以来，沿线郑州、洛阳、三门峡、华山、渭南、西安等设高铁车站的城市旅游增长都在 20% 以上。京沪高铁开通运营后，到山东的游客量激增，“四面荷花三面柳，一城山色半城湖”的泉城济南，“会当凌绝顶，一览众山小”的五岳之首泰山，红色革命之乡枣庄和滕州，圣人故里曲阜，均成为游客们的旅游热点。

高铁以快捷舒适的出行方式为旅游业发展注入新的活力，许多国内知名旅行社惊呼“快旅慢游”时代已经来临。京广高铁贯通后，河北省迅速实施“2013 美丽中国—燕赵行”高铁旅游推广活动，高铁沿线城市推出河北高铁旅游专题展，发布高铁旅游线路及优惠政策，倡导成立“京港澳高铁沿线旅行社”联盟，推动高铁沿线城市旅游一体化发展。河南省在高铁站建立“快旅慢游，无缝换乘”的旅游立体交通体系，提供咨询、交通、住宿、导游、门票一条龙服务，2013 年上半年少林寺、白马寺等景点游客增长 2 成以上。

香港游客在广州南站等候出发武汉游

武汉市旅游局的数据表明，京广高铁贯通以来，武汉游客同比增加 2 到 3 成。2013 年韶关来自港澳的游客增加了 10 多倍，全市上半年旅游经济收入增幅超几倍。

专家指出，从已建成通车的高铁看，它已经成为中国拉动经济增长新动力，有利于推进落实“扩内需、保增长、调结构”经济发展政策。高铁作为基础设施对经济社会发展的放大效应作用，正在逐步释放出来。其作用巨大但难以量化统计，尤其是对推进社会进步的作用难以量化。统计显示，300 公里时速的高铁每建设 1 公里的成本约在 1.3 亿元。近年来国家每年投资几千亿元建设高铁，按照通常 1 比 10 的投资拉动效应测算，高铁投资拉动效益规模惊人。

钢轨延伸，梦想飞升。高铁已成为拉动沿线与区域经济发展的新引擎，给沿线老百姓带来实在的利益与福祉。

中国铁路 明天更美好

十年筑梦，十年发展。今天，中国铁路已站在一个新的历史起点上。

为推动铁路建设和运营健康可持续发展，促进各种交通运输方式相互衔接，2013 年 3 月 14 日，国务院在机构改革中实行铁路政企分开，不再保留铁道部。组建中国铁路总公司，承担铁道部的企业职责，负责铁路运输统一调度指挥，经营铁路客货运输业务，承担专运、特运任务，负责铁路建设，承担铁路安全生产主体责任等。

铁路是国家重要的基础设施和民生工程，是资源节约型、环境友好型运输方式。为加快推进铁路建设，2013 年 8 月 9 日，国务院下发了《关于改革铁路投融资体制加快推进铁路建设的意见》。这对中国铁路的长远发展具有里程碑意义：推进铁路投融资体制改革，多方式多渠道筹集建设资金，按照“统筹规划、多元投资、市场运作、政策配套”的基本思路，完善铁路发展规划，全面开放铁路建设市场，对新建铁路实行分类投资建设；不断完善铁路运价机制，稳步理顺铁路价格关系；建立铁路公益性、政策性运输补贴的制度安排，为社会资本进入铁路创造条件；加大力度盘活铁路用地资源，鼓励土地综合开发利用。

实行政企分开，为中国铁路发展注入了新的生机与活力；而国家加大对铁路建设的政策支持力度，为中国铁路长远发展增添了后劲。

自 1876 年中国出现第一条营业铁路上海吴淞铁路算起，至 2013 年，中国铁路已走过 137 年的曲折历程。

从清末到民国，73 年间偌大的中国才修筑铁路 2 万多公里，至 1949 年能维持通车的铁路只有 21810 公里，其中大部分铁路借外债修建，以路产和营业收入为担保，分线设局，管理分割，设备落后，效率低下。

旧中国积贫积弱，“以路兴国”曾一次次激荡起国人的强国梦。

1912 年 2 月 22 日，中华民国铁道协会在上海成立，中国革命先行者孙中山被推举为名誉会长。他在会上指出：“今日之世界，非铁道无以立国。”同年 4 月中旬，他又在武昌各界民众露天大会上大声疾呼，建筑铁路是“发展中国财源第一要策”，“无铁路，转运无术，工商皆废”。

中国铁路建设先驱詹天佑为国筑路 31 年，主持和参与修建了京张、京奉、粤汉等十多条铁路。1919 年 4 月他代表中国出席国际联合监管远东铁路会议期间病倒。4 月 24 日上午，詹天佑在生命垂危的最后时刻，挣扎着口授遗嘱千字呈政府，遗呈中他“语不及私”，唯感慨自己“年届六旬，死亦无憾，所恨平生之志未及尽舒”。“兴国阜民”“内扬国光”“汉粤川路事”关系“商政国计”不能“中道而止”，这是詹天佑在“病势垂危”时留给国家与民族的最后建言。

可以告慰孙中山、詹天佑等先贤的是，新中国成立后特别是改革开放35年来，中国铁路已经有了长足的发展。到2013年底，中国铁路营业里程突破10万公里，中国高铁营业里程突破1万公里，在建高铁规模1万公里，是世界上高铁运营里程最长、在建规模最大的国家。

一代人有一代人的责任。铁路从滞后型走向适应型，是全国人民的长期企盼，是中国几代铁路职工的梦想与追求。这一历史的接力棒已责无旁贷地落在这一代人身上。

站在历史与未来的交汇处，中国铁路主攻方向明确，路径清晰：到2020年，中国铁路营业里程将达到12万公里以上，复线率和电气化率分别达到50%和60%以上；中国高铁将达到1.6万公里以上，形成以“四纵四横”高铁为主骨架，由客运专线、城际铁路和快速客货线路构成的快速客运网将达到5万公里以上，基本覆盖中国80%的50万以上人口城市。

届时，邻近省会城市将形成1至2小时交通圈，全国大部分省会城市到北京比原来的运行时间节省一半以上，人民群众出行将更加便利、快捷和舒适，“人便其行，货畅其流”的美梦成真。

回眸历史，中国铁路，百年沧桑；
展望未来，复兴圆梦，铁路先行。

一首名曰《高铁魂》的诗作，道出了中国铁路人的自信、抱负与追求：

一种从未有过的感受
一种坚定的自信
世界之林
中国的白色巨龙
将空气撕开一道道豁口
朝着世界之巅豁达地奔去

历史与时间会诉说：中国铁路明天更美好！

高铁列车经过卢沟桥

附录：

高铁建设运营线路表

序号	线路名称	区段	营业里程（公里）	线路起止	设计时速（km/h）	开工时间	开通时间
1	京津城际		118	北京南-天津	350	2005.07	2008.08.01
2	沪昆高铁	沪杭段	172	上海虹桥-杭州南	350	2009.04	2010.10.26
3	合蚌客专		131	蚌埠南-合肥	350	2009.06	2012.10.16
4	宁杭客专		254	南京南-杭州东	350	2009.04	2013.07.01
5	徐兰高速	郑西段	524	郑州东-西安北	350	2005.09	2010.02.06
6		西宝客专	167	西安-宝鸡	350	2009.11	2013.12.28
7	京广高速	京郑段	676	北京西-郑州东	350	2008.10	2012.12.26
8		郑武段	526	郑州东-武汉	350	2008.10	2012.09.28
9		武广段	1079	武汉-广州南	350	2005.06	2009.12.26
10	京沪高铁		1318	北京南-上海虹桥	350	2008.04	2011.06.30
11	哈大高铁		921	大连北-哈尔滨西	350	2007.01	2012.12.01
12	盘锦高铁		90	盘锦北-营口东	350	2009.06	2013.09.12
13	津秦客专		288	天津-秦皇岛	350	2008.11	2013.12.01
14	石太客专		218	石家庄北-太原	250	2005.06	2009.04.18
15	沪宁城际		324	上海-南京	350	2008.07	2010.07.01
16	沪蓉线	合宁段	149	南京南-合肥	250	2004.12	2008.04.18
17		合武段	331	合肥-汉口	250	2005.06	2009.04.01
18		汉宜段	292	汉口-宜昌东	200	2008.09	2012.07.01
19	长吉城际		111	长春-吉林	250	2008.04	2011.01.11
20	杭深线	杭甬段	155	杭州南-宁波	350	2009.04	2013.07.01
21		甬温段	351	宁波-苍南	250	2004.12	2009.09.28
22		温福段	210	苍南-福州	250		2010.04.26
23		福厦段	234	福州-厦门北	250		
24		厦深段	513	厦门北-深圳	250	2007.11	2013.12.28
25	秦沈客专		405	秦皇岛-沈阳北	250	1999.08	2002.12.31
26	昌九城际		138	九江-南昌北	250	2007.06	2010.08.28
27	海南东环		308	海口-三亚	250	2007.09	2010.12.30
28	广深港客专（广深段）		102	广州南-深圳北	250	2005.12	2011.12.26
29	武咸城际		76	武汉-咸宁	250	2009.04	2013.12.28
30	柳南客专		223	柳州-南宁	250	2009.12	2013.12.28
31	胶济线		393	青岛-济南	200	2007.01	2009.01.10
32	成灌线		65	成都-青城山	200	2008.11	2010.05.10
33	广珠城际		143	广州南-珠海北	200	2005.12	2011.01.07
34	郫彭线		21	郫县西-彭州	200	2010.04	2013.12.28
	合计		11028				

（截至 2013 年底，由中国铁路总公司计划统计部提供）

中国高速铁路图

北屯市
阿拉山口
霍尔果斯
精河
奎屯
准东
将军庙
芦草沟
乌鲁木齐
巴伦台
吐鲁番
阿克苏
轮台
库尔勒
巴楚
喀什
哈密
新疆维吾尔自治区
柳沟
敦煌
甘
嘉峪关
镜铁山
和田
木里
青
锡铁山
格尔木
哈尔盖
海
省
西
藏
自
治
区
安多
那曲
羊八井
拉萨
省
云
丽江
大理
祥云
南
图例
已开通高速铁路
在建高速铁路
既有双线铁路
既有单线铁路
国界、未定国界
省、自治区、直辖市界
特别行政区界
中国铁路总公司
省级行政中心
主要车站
轮　渡

古莲
塔河
碧水
韩家园
漠河
黑
莫尔道嘎
加格达奇
黑河
伊图里河
黑金
龙
嫩江
乌伊岭
抚远
满洲里
海拉尔东
博克图
牙克石
北安
江
哈鱼岛
鹤岗
前进镇
伊敏
塔尔气
富裕
南岔
福利屯
佳木斯
东方红
宝清
齐齐哈尔
伊尔施
阿尔山
让湖路
绥化
七台河
哈尔滨
省
乌兰浩特
鸡西
区
白城
大安
牡丹江
额吉淖尔
霍林河
吉
舒兰
绥芬河
东宁
沙尔塔拉
太平川
长春
吉林
白石山
珲春南
锡林浩特
图们
治
知家屯
四平
林
烟筒山
二连
大板
通辽
开原
梅河口
白山市
白河
查干诺尔
赤峰
新立屯
沈阳
抚顺
省
郭尔奔敖包
自
桑根达来
多伦
通化
巴音花
辽
本溪
集安
白云鄂博
河
叶柏寿
锦州
宁
辽阳
古
隆化
上板城
省
呼和浩特
集宁
贡红
张家口
葫芦岛
丹东
临河
包头
怀柔
迁安
山海关
庄河
古店
秦皇岛
乌海
北京
大同
灵丘
天津
曹妃甸
大连
东胜
朔州
保定
霸州
渤
海
旅顺
平罗
神木北
神池
原平
沧州
黄骅
宁夏回族自治区
大保当
太原
石家庄
衡水
烟台
威海
黄
陕
榆次
东营
穆村
山
定边
绥德
西
左权
德州
淄博
介休
邯郸
济南
胶州
青岛
海
甘泉北
西
侯
临汾
长治北
聊城
泰山
东
黄岛
日照
省
兖州
新乡
菏泽
省
临沂
墟沟北
连云
宝鸡
钟家村
月山
焦作
开封
商丘
郑州
新沂
西安
新丰镇
华山
洛阳
南
省
徐州
江
河
漯河
安
海安县
省
南阳
阜阳
蚌埠
南京
苏
南通东
安康
丹江
湖
巴中
襄阳北
信阳
合肥
上海
省
芜湖
长兴
上海市
重
北
达州
万州
荆门
孝感
麻城
铜陵
宜昌
京雾
荆州
武汉
安庆
杭州
宁波
东
庆
咸宁
黄山
千岛湖
北仑
浙
湖
九江
常山
海
南川
石门
岳阳
江
金华
张家界
南昌
衢州
贵
益阳
长沙
南
鹰潭
省
温州
湘潭
株洲
新余
福
怀化
西
州
衡阳
南平
福州
钓鱼岛
赤尾屿
贵阳
永州
省
赣州
建
莆田
台
台北
郴州
漳平
省
桂林
龙岩
湾
台
河池
韶关
厦门
湾
花莲
贺州
广
梅州
海
台中
台湾岛
百色
柳州
东
龙川
峡
广西壮族自治区
广州
常平
汕头
台南
南宁
玉林
马路圩
佛山
深圳
高雄
凭祥
钦州
肇庆
香港
防城港
澳门
香港特别行政区
北海
河唇
省
澳门特别行政区
湛江
电白
东沙群岛
海安
海口
八所
海南省
海南岛
三亚
南
海
南宁
广州
香港
台南
台湾岛
凭祥
防城港
北海
河唇
茂名
湛江
澳门
香港特别行政区
澳门特别行政区
广西壮族自治区
八所
海口
海南省
海南岛
三亚
东沙群岛
西沙群岛
南
中沙群岛
黄岩岛
南沙群岛
海
曾母暗沙
南海诸岛

主要参考资料

1. 中国铁路总公司宣传部、科技管理部、计划统计部、运输局特为本书撰写提供相关材料；人民铁道报提供本书所需图片。

2. 新华社、人民日报、人民铁道报、科技日报、经济日报等新闻媒体相关报道。

3. 卢春房等主编：《中国高速铁路》，中国铁道出版社 2013 年版。

4. 京沪高速铁路股份有限公司编著：《漫话京沪高速铁路》，中国铁道出版社 2011 年版。